200 Jahre – Kölsch Hännesche

Mieh Hätz
wie Holz

200 Jahre – Kölsch Hännesche

**Förderverein der Freunde
des Kölner Hänneschen-Theaters e.V.**

© Hermann-Josef Emons Verlag
Alle Rechte vorbehalten
Layout: Weusthoff + Rose
Art Direction: Jörg Weusthoff
Druck und Bindung: Grafisches Centrum Cuno, Calbe
Printed in Germany 2002
ISBN 3-89705-237-7

Frauke Kemmerling und Monika Salchert

Mieh Hätz
wie Holz

Neue Erkenntnisse, alte Tradition
– immerwährende Sehnsucht

Emons

Grußwort

Der »Förderverein der Freunde des Kölner Hänneschen-Theaters e.V.« stellt Ihnen aus Anlass des 200-jährigen Jubiläums eine Publikation vor, in der Vergangenheit, Gegenwart und Zukunft des Theaters unter dem Titel »Mieh Hätz wie Holz« stehen.

Denn – was wären wir ohne unser »Hänneschen-Gefühl«? Fünf Autorinnen und Autoren spüren diesem Gefühl nach und führen auf, dass das Phänomen Hänneschen greifbar ist – und auch wieder nicht. Die elf Kapitel enthalten unter anderem historische Fakten, biografische Einzelheiten der ganzen »Hänneschen-Familie« seit 1802 und eine Analyse der Auslastungszahlen bis heute. Neben diesen Fakten und Zahlen werden – nicht weniger präzise – Zusammenhänge hergestellt zwischen psychologischen Entdeckungen über die kölsche Mentalität und dem Erfolg des Hauses. Weitere Themen sind die Mediengeschichte mit ihren unmittelbaren Auswirkungen und nicht zuletzt die Darstellung einer einzigartigen und viel verzweigten Förderkultur und die Stellung des Theaters in der Stadt Köln und der Region.

Das Projekt wurde finanziert vom »Förderverein der Freunde des Kölner Hänneschen-Theaters«. Es entstand nach einer Konzeption von Frauke Kemmerling. An der Umsetzung arbeiteten Monika Salchert und Frauke Kemmerling gemeinsam und holten sich illustre Autoren an ihre Seite: Theaterwissenschaftler Jürgen Trimborn, Psychologe Wolfgang Oelsner und Puppenspieler Walter Oepen.

Wir wünschen Ihnen viel Vergnügen beim Entdecken von Neuem und Vertrautem, beim Blättern und Lesen in Texten und Bildern.

Dr. Hans-Joachim Möhle
Vorsitzender des Vorstands des »Fördervereins der Freunde des
Kölner Hänneschen-Theaters e.V.«

Inhalt

Vorwort

»Neue Erkenntnisse, alte Tradition – immerwährende
Sehnsucht« Zu diesem Buch

Et Kölsche Hännesche hät jeder em Hätze – un deswäje heiss dat Boch he
»Mieh Hätz wie Holz – 200 Jahre Kölsch Hännesche«.

   Das vorliegende Buch ist geschrieben für Herz und Verstand. Es erzählt viel
Neues und erinnert an Bekanntes.

   Johann Christoph Winters (1772–1862) ist der Gründer des Hänneschen-
Theaters. Zusammen mit seiner Frau Elisabeth erlebte er die Zeit um 1800 als
Tagelöhner und puppenspielender »Theaterleiter«: Zwischen Aufklärung und
Romantik, französischer Revolution und Restauration, sozialer Realität und
Fantasie entstand vor dem Hintergrund gewaltiger politischer und sozialer
Umwälzungen und am Beginn der Industrialisierung eine neue Form des Volks-
theaters. Wie diese Form zustande kam und welche Entwicklung sie von 1802
bis heute genommen hat, soll hier nicht chronologisch dargestellt, sondern aus
verschiedenen Blickwinkeln betrachtet werden.

   Wir fragen, wer seit Winters die Puppen geführt und die jeweiligen Ensembles geleitet hat, welche Bedeutung die »Theaterwissenschaft« für das Hänneschen-Theater hatte, wie die Faszination der Puppenwelt immer wieder neu entsteht, an welchen Orten das Theater zu Hause war, wie sehr die Arbeit in der
Werkstatt und hinter den Kulissen seine Bedeutung mitbestimmt, wie sich der

Figurenkanon entwickelt hat, welche Außenwirkung und welches »Image« das Hänneschen hatte und hat, wie entscheidend Förderer, Mäzene und Sponsoren die Arbeit des Hauses mitgetragen haben. Und: Wir riskieren einen Blick in die Zukunft.

Die einzelnen Kapitel dürfen nach dem Lustprinzip gelesen werden: einzeln, frei kombiniert oder in einem Rutsch. Das Buch erhebt keinen Anspruch auf Vollständigkeit. Angesichts der Fülle des Materials würden manche Aspekte eigene Publikationen verdienen.

Der Zusammenhang zwischen theaterwissenschaftlicher Erforschung und Bekanntheitsgrad des Hänneschen-Theaters ist nach heutigem Kenntnisstand unumstritten. Hätte es nicht Carl Niessen gegeben in seiner doppelten Funktion als Gründer der »Theaterwissenschaftlichen Sammlung« der Universität zu Köln und als Förderer der Hänneschen-Tradition – gemeinsam mit seinem Bruder Josef Niessen –, hätte auch niemals ein solcher Aufschwung des Hänneschens im 20. Jahrhundert stattfinden können.

Aber der Faszination der Menschen für ihr »Kölsch Hännesche« ist mit wissenschaftlichen Erklärungen allein nicht beizukommen. Zwischen »Brauchtum und Subkultur« (eine Formulierung von Hugo Borger 1976), zwischen Tradition und Zeitgeist, zwischen »Faxen met vill Klopperei« und unterhaltsamem Volkstheater mit kabarettistischen Einschlägen liegt die Bestimmung und die Wirkung dieses Theaters. Denn wie gesagt: Et Hännesche hät mer em Hätze.

Frauke Kemmerling und Monika Salchert
Köln, im April 2002

Puppenspiele

Der Eingang des Hänneschen-Theaters am Eisenmarkt.

Alle Hänneschen-Puppen sind Maßarbeit.

Zänkmanns Kätt und Besteva
beim Spiel hinger d'r Britz.

Im Detail liegt oft die Faszination für den Zuschauer.
Speimanes (Charly Kemmerling) und Zänkmanns
Kätt (Inge von der Lohe)

1

Frauke Kemmerling

»Not an Hänneschens Wiege«
– aber »klarfrohe Augen« des Neugeborenen

Vom »Stammbaum« der Prinzipale und Prinzipalinnen bis zur Geschichte der Spielleiter und Intendanten und ihrer Ensembles

»Die allgemeine Not traf den armen Familienvater Winters besonders hart. Die Häuser verfielen, nur wenige hatten Geld übrig für die Instandhaltung von Haus und Wohnung. Die Not selber stand an Hänneschens Wiege, als der rheinische, kölnische Schalk neugeboren in die Welt blinzelte, trotz allem mit klarfrohen Augen. Und die Not führte Winters die Feder, als er sich hinsetzte und an den ›Bürger Maire‹ (so mußte der kölnische Bürgermeister sich nennen) und an dessen ›Adjunkten‹ schrieb.« [1]

Woher Josef Niessen wusste, dass Hänneschens Augen »klarfroh« waren, als es erschaffen wurde – das weiß ich nicht. Aber es ist ein schönes Bild. Und deswegen setze ich es an den Anfang. Damit eine Vorstellung entsteht. Denn Hänneschen ist ja eigentlich nichts anderes als eine Vorstellung, eine Erfindung von Geschichte und Fantasie.

Und dieses gesellschaftlich-geschichtlich-fantastische Szenario hat für die Gründung des Hänneschen-Theaters eine wichtige Bedeutung. So beschreibt es »Dr. Niessen« (gemeint ist Prof. Dr. Josef Niessen, Bruder von Prof. Dr. Carl Niessen, dem Gründer des Instituts für Theaterwissenschaft der Universität zu

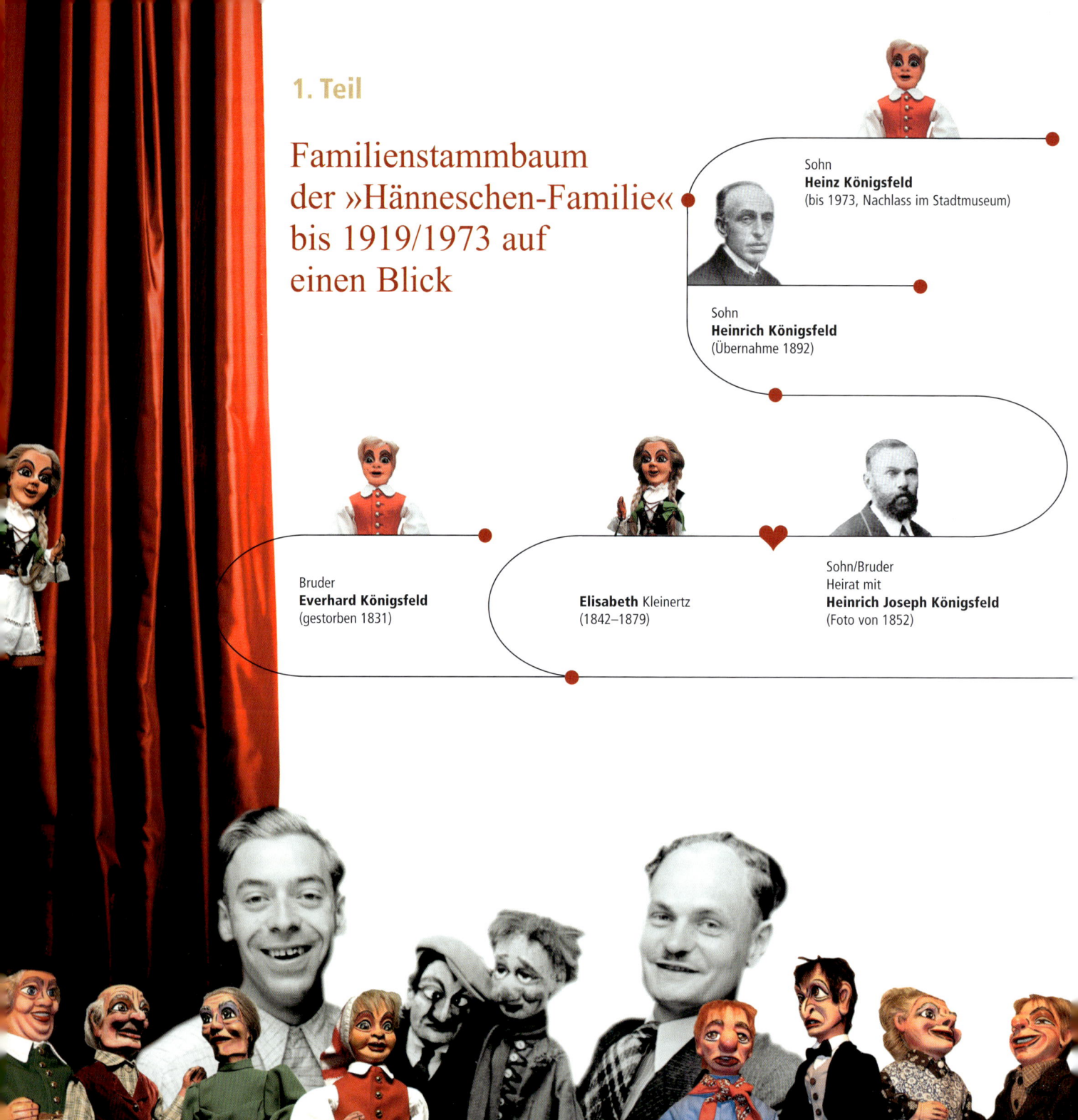

1. Teil

Familienstammbaum der »Hänneschen-Familie« bis 1919/1973 auf einen Blick

Sohn
Heinz Königsfeld
(bis 1973, Nachlass im Stadtmuseum)

Sohn
Heinrich Königsfeld
(Übernahme 1892)

Bruder
Everhard Königsfeld
(gestorben 1831)

Elisabeth Kleinertz
(1842–1879)

Sohn/Bruder
Heirat mit
Heinrich Joseph Königsfeld
(Foto von 1852)

**Führung des Theaters bis 1919 als
»2. Witwe Klotz«**

1896 – 2. Heirat mit
Elisabeth Bey
»2. Witwe Klotz«
(1851–1919)

Sohn Joseph Peter Klotz
(1851–1911)

1871 – 1. Heirat mit
Amalie Reis
»1. Witwe Klotz«
(Familien Klotz, Lindlau, Kurm und Erdle)

1. Witwe Klotz
Tochter
Maria Magdalena Königsfeld
(1828-1893)

1849 – Heirat mit
Peter Klotz
(1830-1863)

Tochter
Elisabeth Gertrud Winters
(1801–1837)

1824 – Heirat mit
Paul-Josef Königsfeld
(1779-1863)

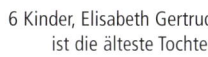

6 Kinder, Elisabeth Gertrud
ist die älteste Tochter

**Gründung
1802**

Elisabeth (Lisette) Thierry
(1784–1856)
(spielt Bestemo)

1800 – Heirat mit
Johann Christoph Winters
(1772–1862)
(spielt Besteva)

Puppenspiele

Heinrich Königsfeld

Wanderbrief

Köln) in seinem oben zitierten Artikel »Aus Hänneschens Frühzeit« in der Publikation »Das alte Kölner Hänneschen-Theater« (1931).

Die ersten sechzig Jahre, in denen man von einem erkennbaren »Hänneschen-Theater« in Köln sprechen kann, wurden von Johann Christoph Winters und seiner Frau Elisabeth (Lisette) geprägt. Das angenommene Gründungsjahr des Hänneschens, 1802, das sich im Jahr 2002 zum 200. Mal jährt, wird zurückgeführt auf Briefe und Gesuche von Winters an den Bürgermeister. In diesen offiziellen Schreiben, die heute im Historischen Archiv der Stadt Köln aufbewahrt werden, bittet Winters 1803 das erste Mal um Aufführungserlaubnis für sein »Poppenspiel«, damit er sich selbst, seine Frau und seine Kinder durch den Winter bringen könne. Aus diesem Schreiben ist zu erfahren, dass Winters bereits einen Winter vorher mit dem Spiel begonnen haben muss, also 1802.

Seine Profession war das Puppenspiel eigentlich nicht, denn im Sommer verdiente der Tagelöhner sein Geld als Anstreicher, während er noch einige Jahre vorher, unter anderem 1797/98 in Mainz, als noch lediger Schneidergeselle sein gelerntes Handwerk ausübte. Davon zeugt ein weiteres historisches Dokument, ein Wanderbrief, den die Mainzer Schneiderzunft Winters im Juli 1798 ausstellte. Aber damit war in der Zeit der französischen Besatzung um 1800 nicht viel anzufangen. Das Handwerk hatte keinen goldenen, sondern eher gar keinen Boden. Der Einzug der französischen Besatzer 1794 in Köln brachte das alltägliche Leben völlig durcheinander: Besitz wurde beschlagnahmt, Titel galten nichts mehr, die meisten Grundfesten der Gesellschaft wurden zerstört im Namen von »Freiheit, Gleichheit und Brüderlichkeit«. Die anfängliche Begeisterung der Kölner war rasch erloschen. Der damalige Universitätsrektor Ferdinand Franz Wallraf versuchte mit Hilfe einer Bittschrift, die von der französischen Militärregierung erhobene, für die Stadt Köln unbezahlbare Kriegssteuer abzuwenden – allerdings ohne Erfolg.[2]

Der junge Winters lernte auf seiner Wanderschaft als Handwerksgeselle unter anderem in Belgien (Antwerpen) flämisches Puppenspiel kennen. Nach seiner Rückkehr nach Köln heiratete Winters 1800 Elisabeth Thierry – gegen den Willen ihrer Familie. Angeregt durch das Gesehene in Antwerpen und aus purem Überlebenskampf wollten sich die beiden ein bescheidenes Puppentheater aufbauen. Vom Urenkel Heinrich Königsfeld ist eine Geschichte überliefert, wie sich die eigentliche »Gründung« des ursprünglichen Hänneschen-Theaters zugetragen haben könnte. Carl Niessen zitiert sie in seinem Buch »Das Rheinische Puppenspiel« (1928) als »höchst romantische Familienlegende«:

»Weil er keine Existenz fand, besorgte er sich einen Guckkasten, und da seine Frau in Metz reiche Verwandtschaft hatte (u.a. ein Bankhaus Thierry), beschlossen beide, die Reise nach Metz mit dem Guckkasten zu unternehmen. (…) So wanderten sie frohen Mutes mit ihrem Thespiskarren[3] den Rhein hinauf bis Koblenz und von dort über den Hunsrück nach Metz. Unterwegs auf dem Hunsrück lag zu dieser Zeit die Bande des berühmten Hauptmanns Schinderhannes. (…) Da sie ihm ihre Armut erklärten, gab er ihnen die Parole und schenkte ihnen einen Reichstaler, zu der Zeit 23 Silbergroschen wert. (…) In Metz angekommen, sprach Frau Winters bei ihrem Onkel um Unterstützung vor, worauf der Bankier sie schroff zurückwies, weil sie einen Deutschen geheiratet hätte. Christoph Winters ließ sich als echter deutscher Mann diese Heruntersetzung nicht gefallen und fuhr seinen Karren vor das Haus des Bankiers. Seine Frau (…) (erklärte) in französischer Sprache (…), daß dies ihr Onkel wäre, der sie so darben ließ; und wie es im Heißblut der Franzosen liegt, schimpften die Zuschauer (auf den Bankier, Anm. der Autorin) und warfen ihnen Geld hin, sodaß sie es mit dem Hute wegtragen mußten. Dadurch zu Geld gekommen, fuhren sie schleunigst wieder nach Köln. Mittlerweile hatte in Köln ein gewisser Hofmann in der Heumarktgegend ein Puppentheater eröffnet. Christoph Winters wollte auch als Zuschauer dies Theater besuchen, wurde aber in brutaler Weise von Hofmann, weil es voll war, zurückgestoßen. Durch dies erbost ging er fort mit den Worten: ›Das sollst du bereuen!‹ und hatte innerhalb von acht Tagen sich selbst ein Puppentheater errichtet. Unglücklicherweise hatte Hofmann seine Puppenköpfe aus Brotteig gemacht und trocknen lassen. Weil so viele Ratten in dem Lokal waren, hatten die Ratten ihm die ganzen Puppenköpfe abgefressen, sodaß er nicht mehr spielen konnte. Es war dies ein Glücksfall, daß dadurch das Winters'sche Puppentheater aufkam. Da Hofmann nicht spielen konnte, gingen sämtliche bei ihm beschäftigte Spieler zu Winters über. Nun reüssierte das Winters'sche Unternehmen, das sich bis zum heutigen Tage erhalten hat (…).«

Romantisch ist diese Geschichte in der Tat. Und schön. Ob sie allerdings wahr ist, möchte ich hier nicht klären. Im Gegensatz dazu stehen die folgenden Daten und Fakten, die die Lebensgeschichten aller Puppenspielerinnen und Puppenspieler des Hänneschen-Theaters der letzten 200 Jahre erzählen.

Im ersten Teil handelt es sich noch um einen richtigen »Familienstamm-baum«, da das Puppenspielerhandwerk und die dazugehörige Ausstattung regelrecht weitervererbt wurden. Dieser Familienstammbaum beschränkt sich auf die Nachfolgegenerationen von Johann Christoph Winters und berücksichtigt nicht die Vielzahl von Hänneschen-Theatern, die parallel existiert haben.

Im zweiten Teil wird dargestellt, dass seit der Übernahme durch die städtische Hand nicht mehr das ganze Unternehmen, sondern ein bestimmter Typus aus dem Hänneschen-Figurenkanon »vererbt« und in die Hände der Nachfolgerin oder des Nachfolgers übergeben wurde. Das Wachsen, die Veränderung und die Entwicklung der Ensembles seit 1926 wird anhand von vielen Einzeldaten über die Darstellerinnen und Darsteller deutlich.

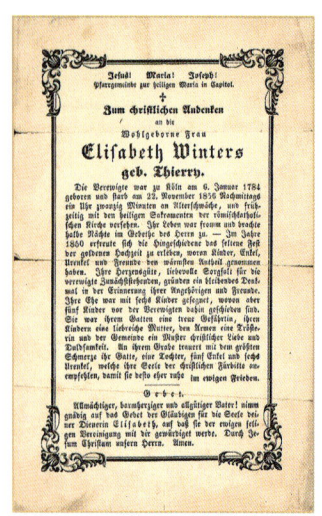

Eisabeth Winters' Sterbeurkunde

»Stammbaum der Bühnen und Ensembles 1802–2002«

1. Teil: »1802–1919«: Stammbaum der Puppenspielerfamilien

Gründung 1802 durch das Ehepaar Winters:
Johann Christoph Winters (1772–1862)
∞ **Elisabeth (Lisette) Thierry** (1784–1856)

Getauft wurde Johann Christoph Winters am 23. November 1772 in Bonn in der Stiftskirche. Das genaue Geburtsdatum ist nicht überliefert. Er starb am 5. August 1862 in Köln, in der Follerstraße Nr. 56. Seine Frau Elisabeth, die er am 22. Juni 1800 in Bonn heiratete, wurde am 16. Januar 1784 in der Kölner Maria-Ablaß-Kirche getauft.[4] Elisabeth Winters starb am 22. November 1856 in Köln, Wahlgasse Nr. 1.

Das Winters'sche Ensemble 1834 in der Wahlgasse unter dem Namen »Altes conzessioniertes Puppen-Theater« bestand im Kern aus Johann Christoph Winters, Lisette Winters und dem Teilhaber Hubert Weber. Winters spielte allerdings nicht das Hänneschen, wie man denken sollte, sondern den Besteva – und seine Frau Lisette folgerichtig die Bestemo. Kollege Hubert Weber war das Hänneschen des Ensembles. Weitere Besetzungen und Mitspieler, die es mit großer Wahrscheinlichkeit gegeben hat, sind in den Quellen nicht zu finden.[5]

Die erste Generation:
Elisabeth Gertrud Winters (1801–1837)
∞ **Paul Josef Königsfeld** (1797–1863)
Aus der Ehe von Lisette und Johann Christoph Winters gingen sechs Kinder hervor. Die älteste Tochter hieß Elisabeth Gertrud Winters und heiratete am 22. Dezember 1824 im Kölner Rathaus (am 29. April 1825 in der Kirche St. Georg) Paul Josef Königsfeld. Beide zusammen führten das elterliche Theater weiter. Elisabeth Gertrud Winters wurde am 11. Februar 1801 in Köln geboren und in der Kirche St. Paul getauft. Sie starb am Buttermarkt Nr. 17 am 10. April 1837 mit gerade einmal sechsunddreißig Jahren. Nach dem frühen Tod seiner Frau heiratete Paul Josef Königsfeld in zweiter Ehe Apollonia Röhm und in dritter Ehe Maria Koll. Er starb am 16. Juni 1863 am Holzmarkt Nr. 69 in Köln.

Die zweite Generation:
Maria Magdalena Königsfeld (1828–1893) ∞ **Peter Klotz** (1830–1863)
»1. Witwe Klotz«
1863 wurde das Hänneschen-Theater in der Glockengasse fortgeführt. Die Tochter aus der ersten Ehe von Paul Josef Königsfeld namens Maria Magdalena Königsfeld wurde am 3. Mai 1828 in Köln geboren und heiratete am 19. September 1849 Peter Klotz (geboren 1830 in Mainz, gestorben am 19. November 1863 im Kastellgässchen Nr. 2). Nach dem Tod ihres Mannes führt die so genannte »1. Witwe Klotz« das Theater weitere dreißig Jahre bis zu ihrem Tod am 17. Mai 1893 in der Severinstraße 225.

Maria M. Klotz

H.J. Königsfeld

Maria Magdalena Königsfeld hatte zwei Brüder: Heinrich Joseph und Everhard. Beide spielten gemeinsam in Bochum und Bonn – im Winter aber in Köln. Heinrich Joseph heiratete Elisabeth Kleinertz (1842–1879) und wurde auch bekannt als Lehrer von Hänneschen-Prinzipalen wie Karl Kleinertz, Peter Meyer und Karl Zier.

Der Sohn von Heinrich Joseph Königsfeld (also ein Cousin von Joseph Peter Klotz), Heinrich Königsfeld, übernahm die Wanderbühne seines Vaters. Dessen Sohn Heinz wiederum führte die Tradition weiter bis zu seinem Todesjahr 1973. Sein Nachlass befindet sich im Kölnischen Stadtmuseum.

Die dritte Generation:
Joseph Peter Klotz (1851–1911) ∞ (2. Ehe) **Elisabeth Bey** (1851–1919)
»2. Witwe Klotz«

Aus der Ehe von Maria Magdalena und Peter Klotz ging der Sohn Joseph Peter Klotz hervor. Er wurde am 21. Juni 1851 in Köln in der Maximinenstraße Nr. 6 geboren. Er heiratete zweimal: In erster Ehe war es Amalie Reis (1852–1890), in zweiter Ehe Elisabeth Bey. Aus der ersten Ehe entstanden zwei Söhne, Viktor und Clemens Klotz, und drei Töchter, Magdalena Lindlau, geb. Klotz, Katharina Kurm, geb. Klotz, Martha (Magda) Erdle, geb. Klotz. Joseph Peter Klotz heiratete 1896 seine zweite Frau Elisabeth. Nach seinem Tod am 3. Dezember 1911 in der Severinstraße Nr. 225 führte sie die Geschicke des Theaters als »2. Witwe Klotz« und als »Inhaberin des ältesten Kölner Hänneschen-Theaters« bis zu ihrem Tod am 17. Mai 1919, also mindestens von 1911 bis 1919.

1919, nach dem Tod der »2. Witwe Klotz«, war das eigentliche Ensemble weitgehend auseinander gerissen. Der Erste Weltkrieg war gerade erst vorbei (1918), und man hatte bis vor kurzem noch Fronttheater gespielt. Es begann die Zeit der Inflation und eine mit der Nachkriegszeit einhergehende sozial und politisch schwierige gesellschaftliche Situation. Aber durch die Neugründung der Universität Köln und damit auch die Gründung des Instituts für Theaterwissenschaft durch Carl Niessen 1919 wurde eine Entwicklung aufgehalten, die eventuell zum Ende des Hänneschens geführt hätte. Durch die Sammelleiden-

Joseph Peter Klotz

schaft und das gleichzeitige theaterwissenschaftliche Interesse Carl Niessens wurde neben anderen Formen des »Rheinischen Puppenspiels« gerade das Hänneschen-Theater vor dem Untergang bewahrt. Die unermüdliche Beschäftigung mit dem Hänneschen und die Werbung in höchsten Kreisen für dessen Bedeutung machten Politiker aufmerksam. Schon unter der Schirmherrschaft von Oberbürgermeister Max Wallraf begann 1912 die Diskussion um die Aufnahme des Hänneschens in städtische Hand – was dann mit Hilfe der »Kommission zur Wiederbelebung« 1925 nochmals angeschoben und 1926 realisiert wurde.[6]

Im Ensemble des so genannten »Alten Kölner Hänneschen-Theaters« (Wanderbühne unter der Leitung von Josef Niessen) spielten unter anderem Jakob Dinggarten, Wilhelmine Oellers, Joseph Oellers, Karl Schmoll, Wilhelm Roebruck und als Lehrling Fritz Danz, der spätere erste Spielleiter der »Puppenspiele der Stadt Köln« (1926). Bei der »Jahrtausendausstellung der Rheinlande« im August 1925 feierte Karl Schmoll sein 50-jähriges Jubiläum als Kölner Berufspuppenspieler, im Jahre 1931 konnte Jakob Dinggarten ebenfalls auf fünfzig Bühnenjahre zurückblicken.

Die Brüder Niessen hatten also entscheidenden Anteil daran, dass die Stadt Köln dem Hänneschen kulturhistorische Bedeutung zumaß und unter Oberbürgermeister Konrad Adenauer die »Puppenspiele der Stadt Köln« entstanden. Fortan gab es einen städtischen »Spielkörper«, ein Ensemble in einer Größe zwischen neun und fünfzehn Spielerinnen und Spielern unter der Leitung eines Spielleiters.

Von 1926 bis 2002 haben sechs Spielleiter mehr als doppelt so viele Ensembles geführt. Anhand von Fotografien, die aus privaten Sammlungen stammen (z.B. aus der Sammlung des ehemaligen Hänneschen-Werkstattleiters Werner Schulz, von ehemaligen Puppenspielern wie Hans Friedrich, Grete Zimmermann, Hans Bedbur oder Gisela Späth), können hier bis auf wenige Lücken alle Ensembles und ihre Spielleiter vorgestellt werden. Die Auswahl der präsentierten Jahre wurde einmal bestimmt durch das vorhandene Fotomaterial, aber auch durch die zahlreichen Gespräche mit ehemaligen Puppenspielern, die von »ihrer Hänneschen-Zeit« hautnah berichten konnten.

Stammbaum der Typendarsteller seit 1926

Angegeben sind jeweils die im Theater verbrachten

Hänneschen	Bärbelchen	Bestemo	Besteva	Speimanes	Tünnes
Spielleiter Fritz Danz (1926-1933)	Berta Portz-Nitzgen (1926-1937)	Jossy Pohl (1927-1928)	Willi Waltzer (1926-1945)	Hans Heider (1927-1937)	Winand Heller (1926-1933)
Spielleiter Hans Berschel (1927-1940)		Fanny Meyer (1929-1935)		Georg Mack (1933-1953)	Josef Lichtenberg (1933-1940)
Spielleiter Karl Funck (1927-1980)	Berta Wetzels (1930-1967)	Magdalene Bossemeyer (1935-1936)		Spielleiter Karl Funck (1927-1980)	Wilhelm Roebruck (1948-1951)
	Änne Dröge (1936-1974)	Agnes Achnitz (1936-1966)	Arnold Haubrich (1948-1951)	Hans Fischer (1948-1961)	Albert Kuhlewind (1951-1971)
		Emilie Lippa (1953-1954)	Hans Gierlach (1949-1955)		Hans Schiffer (1953-1959 & 1969-1982)
	Gisela Funck (1970-1980)		Josef Knodt (1949-1969)	Heinz Plinke (1954-1980)	Heinrich Rolle (1962-1983)
Hans Axler (1977-1985)		Grete Zimmermann-Schmaglowski (1961-2001)	Hans Friedrich (1958-1990)	Heribert Brands (1974-1994)	Peter Ulrich (1970-1973 & seit 1975)
Jack-Rolf von Guretzky-Cornitz (seit 1980)	Uschi Hansmann (seit 1975)	Stefanie Brands (seit 1981)	Heinz Becker (seit 1990)	Charly Kemmerling (seit 1986)	Udo Müller (seit 1991)

auf einen Blick
Puppenspielerjahre.

Schäl	Mählwurm	Schnäuzerkowski	Annekatring	Zänkmanns Kätt	Hochdeutsch	Musik
	Georg Mack (1933-1953)	Willi Seuser (1926-1941)			Hanns-Edmund Schmidt (1926-1940)	Willi Seuser (1926-1941)
Karl Funck (1927-1980)	Josef Knodt (1949-1969)					Georg Mack (1933-1953)
Fritz Beyer (1938-1969)					Josef Brückner (1948-1950)	
	Hans Bedbur (1955-1984)				Hans-Rolf Fuchs (1951-1955)	
Erwin Heine (1962-1997)		Heinz Plinke (1954-1980)	Anita Riotte (1954-1961)	Hans Friedrich (1958-1990)		Heinz Plinke (1954-1980)
			Gisela Specht Tillmanns (1974-1991)	Gisela Specht Tillmanns (1974-1991)		Günter Schlig (1980-1999)
			Inge von der Lohe (seit 1991)		Charly Kemmerling (seit 1986)	
Peter Ulrich (1970-1973 & seit 1975)	Hans Fey (seit 1984)	Walter Oepen (seit 1984)		Inge von der Lohe (seit 1991)		Wolfgang Schmitt (seit 1997)

2. Teil: »1926–2002[7]: Ensemble- und Darstellerstammbaum

In der 16. Sitzung des Jahres 1926 am 9. September stand auf der Tagesordnung der Kölner »Stadtverordnetenversammlung« (TOP 5): »*Herrichtung eines Raumes und Einbau einer Bühne für die Kölnischen Puppenspiele im Rubenshaus, Sternengasse, sowie Bewilligung eines Betriebszuschusses*«.

Neben Oberbürgermeister Konrad Adenauer waren unter anderem Bürgermeister Dr. Matzerath und Dr. Leo Schwering, der seit 1920 Stadtdirektor war und an diesem Tag als Beigeordneter verpflichtet wurde, an der Entscheidung beteiligt. Bereits vier Wochen später war es so weit: Am 9. Oktober 1926 wurde das Hänneschen-Theater offiziell zu den »Puppenspielen der Stadt Köln«.

1926 »Puppenspiele der Stadt Köln« (9.10.1926)
1. **Spielleiter Fritz Danz** (1926 bis 1933 Spielleitung, geboren am 30. Januar 1902 in Köln, gestorben am 1. Mai 1933)

Als Lehrling beim »Alten Kölner Hänneschen-Theater« hatte für ihn alles angefangen. Aber schon seit 1922 war **Fritz Danz** im städtischen Dienst – unter anderem beim Wahlamt der Stadt Köln. Für die Übernahme der Hänneschen-Spielleitung im Oktober 1926 wurde er von dieser Tätigkeit freigestellt und

»Ensemble des »Alten Kölner Hänneschen-Theaters« während der Jahrtausendausstellung der Rheinlande 1925 in Köln. Die »Prinzipalin« Wilhelmine Oellers (untere Reihe, 2. von links) versammelt einige Kollegen um sich – unter anderem neben ihr (rechts) Karl Schmoll und über ihr Lehrling Fritz Danz (in der oberen Reihe, 2. von rechts),
der spätere erste Spielleiter 1926

»Das Ensemble im Hof der Sternengasse, 1927«

Im Ensemble spielten 1926/27 (von links nach rechts)

In der oberen Reihe:
Hans (Johann Georg) Heider (Volontär, Speimanes, Beleuchtung u.a.) Februar 1927 bis Juli 1937; Berta Portz (Bärbelchen, Mariezebell, hochdeutsche Rollen, Puppenabteilung) Oktober 1926 bis März 1937 fest angestellt – 1940 wurde sie als Aushilfe nochmals beschäftigt; Jossy Pohl (geb. Schuster) (Mariezebell) 1927 bis 1928[8]; Luise Förster, ab Juli 1927 Kohring (Volontärin, Souffleuse) Januar 1927 bis März 1929; Hans (Johann) Berschel (verschiedene Rollen, ab 1933 Hänneschen, u.a.) März 1927 bis Juni 1940 (Schließung), gefallen im April 1945; Hanns-Edmund Schmidt (hochdeutsche Rollen) Oktober 1926 bis März 1932, August 1932 bis April 1938 und November 1938 bis Juni 1940 (Schließung)

In der unteren Reihe:
Winand Heller (Tünnes) Oktober 1926 bis Januar 1933 (verstorben); Willi (Johann Wilhelm) Waltzer (Besteva, hochdeutsche Rollen u.a.) November 1926 bis März 1945 (offizielles Vertragsende); Fritz Danz (Spielleiter, Hänneschen u.a.) Oktober 1926 bis Mai 1933 (verstorben); Willi (Johann Wilhelm) Seuser (Musiker, Aushilfspuppenspieler, ab 1933 verschiedene Rollen) Dezember 1926 bis April 1941 (offizielles Vertragsende)

konnte sich ganz dem Theater widmen. Seine Wohnung in unmittelbarer Nähe des Theaters, das sich nur ein paar Häuser weiter auf der Sternengasse befand, war dafür wie geschaffen. Auch privat gab es Veränderungen: Am 5. Januar 1927 heiratete er Maria Magdalena Schäfer. Die spätere »Witwe Fritz Danz« sorgte mit Petitionen an die Kulturverwaltung 1934 und 1935 dafür, dass Sohn Peter (geboren am 11. März 1921) eine Volontärsstelle im Theater erhielt. Von Juni 1935 bis Juni 1936 lernte **Peter Danz** Puppenspiel und Theaterarbeit beim Nachfolger seines Vaters, dem 2. Spielleiter Hans Berschel – allerdings ohne je eine einzige Mark dafür zu bekommen. Obwohl ein Zeugnis ihn als geschickt und begabt ausweist, wurde er nicht übernommen, da keine Stelle zur Verfügung stand. Seinen Lebensunterhalt verdiente er schließlich mit der Gaststätte »Zur Krone« am Griechenmarkt.

Fotografiert zu werden als zweiter von rechts in der oberen Reihe – das scheint ein gutes Vorzeichen für die Übernahme der Spielleiterposition zu sein: Fritz Danz wurde so abgelichtet auf dem Foto des »Alten Kölner Hänneschen-Theaters« – und hier Hans Berschel, sein Nachfolger.

Nur für kurze Zeit waren noch zwei weitere Damen im Ensemble: **Hanne Belz** (November 1926 bis Februar 1927) und die Volontärin **Therese Stollenwerk** (Februar 1928 bis September 1929).

Das Jahr 1933 war gekennzeichnet vom Tode zweier Ensemblemitglieder – und den Folgen der nationalsozialistischen Machtergreifung. Im Januar verstarb »Tünnes« **Winand Heller** im Alter von vierundvierzig Jahren. Bald darauf, am 1. Mai 1933, erlag Spielleiter Fritz Danz einer schweren Krankheit. Sein Nachfolger für die Spielleitung und die Rolle des Hänneschens wurde Hans Berschel.

Neu dabei für **Jossy Pohl** war ab März 1929 **Fanny Meyer**, die die Rolle der Mariezebell übernahm. Sie wurde im Rahmen der Durchführung des »Gesetzes zur Wiederherstellung des Berufsbeamtentums« be-

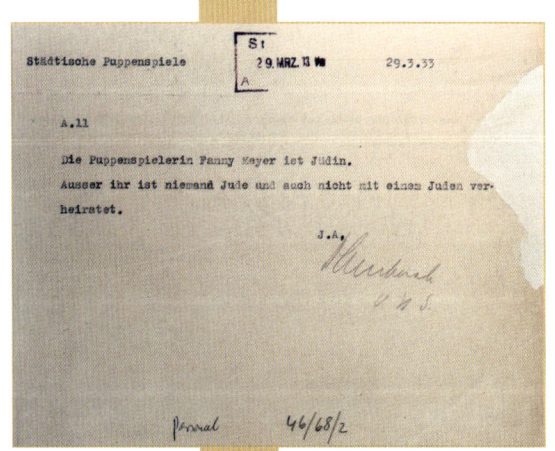

Auf Anfrage der nationalsozialistischen Behörden wird Fanny Meyer am 29.3.1933 als Jüdin gemeldet.

reits am 29. März 1933 von der Verwaltung der Puppenspiele offiziell »als Jüdin gemeldet« und musste von da an jeden Tag mit dem Berufsverbot rechnen.

Tatsächlich war sie bis Juni 1935 im Ensemble, wie zwei Details beweisen. Zum einen bestätigt Karl Funck die Jahresangabe in einem Interview und beschreibt dort seine Erinnerung an den Tag, als er Fanny Meyer – gemeinsam mit anderen Ensemblemitgliedern – das letzte Mal zur Straßenbahn begleitete (s. Anmerkungen). Zum zweiten wird Fanny Meyer in einem Brief von Willi Waltzer an Hans Heider erwähnt, in dem steht, dass der damalige stellvertretende Spielleiter Waltzer »Fräulein Meyer« am 12. Februar 1935 zum kranken Hans Heider nach Hause schickte, um nach ihm zu sehen. Dieser mehr oder weniger angeordnete Besuch war offenbar notwendig geworden, da Heider am 11. und 12. Februar 1935 unentschuldigt fehlte und Waltzer den Grund dafür wissen wollte. Anlässlich ihres »Ausscheidens« aus dem Ensemble schreibt die Personalverwaltung der Bühnen der Stadt Köln, dass Fanny Meyer eine »Puppenspielerin von besonderer Qualität und als solche eine außerordentliche Stütze des Theaters« gewesen sei.

1933

2. Spielleiter Hans Berschel (1933 bis 1940 Spielleitung, geboren am 3. April 1907 in Köln, gestorben am 1. April 1945)

Am 8. Februar 1927 wurde **Hans Berschel** von Fritz Danz als Volontär eingestellt, als »Ersatz« für den ausgeschiedenen **Karl Schmoll**, der nach langjähriger Tätigkeit im Wanderbühnen-Ensemble des »Alten Kölner Hänneschen-Theaters« bei den Städtischen Puppenspielen unter Danz nur wenige Monate, von Oktober 1926 bis Februar 1927, spielte. Berschel war nach einer kaufmännischen Lehre unter anderem Schauspieler im Kölner Kammerspielhaus »D'r halve Hahn«, bevor er als Zwanzigjähriger zum Hänneschen kam. Schon nach sechs Jahren wurde er Spielleiter.

Das Ensemble 1930 vor dem Bühnenbild »Wann ahl Schöre brenne« (es fehlt
der Volontär Karl Funck auf diesem Bild). Von links nach rechts, obere Reihe:
Hans Heider, Hanns-Edmund Schmidt, Hans Berschel, Willi Seuser. Untere
Reihe: Willi Waltzer, Fanny Meyer, Fritz Danz, Berta Portz, Winand Heller

Für den verstorbenen Winand Heller kam **Josef Lichtenberg** im April 1933 dazu und übernahm die Rolle des Tünnes. Wie Hans Berschel überlebte auch er den Krieg nicht. Lange wurde er an der Ostfront vermisst und schließlich am 3. November 1943 für tot erklärt (nicht auf dem Ensemble-Foto abgebildet).

Eine weitere wichtige Ergänzung erfuhr das Ensemble durch den Musiker **Georg Mack**, der im Februar 1933 eingestellt wurde und von **Willi Seuser** die musikalische Gestaltung übernahm. Seuser war von Danz im Januar 1927 engagiert worden und ursprünglich als Aushilfspuppenspieler beschäftigt. Ende 1927 wurde eine neue Stelle genehmigt, und Seuser arbeitete von da an als Musiker und vollwertiger Puppenspieler (Schnäuzerkowski). Der letzte Vertrag von Seuser lief offiziell bis April 1941. Im Oktober 1943 erlag Willi Seuser im Alter von nur zweiundfünfzig Jahren einer schweren Krankheit.

Georg Mack, sein Nachfolger, blieb dem Ensemble bis Februar 1953 erhalten. Mack brachte eine abgeschlossene Pianistenausbildung der Musikhochschule in Mannheim mit sowie jahrelange Berufserfahrung als Pianist und Schauspieler mit eigenem Ensemble. Weil Hans Berschel die Spielleitung übernahm, sollte Mack ihn als Spieler ersetzen. Mack hatte wie Seuser sowohl als musikalischer Leiter und als Puppenspieler gearbeitet. Er spielte den Tünnes und den Besteva in Vertretung, seit 1937 (nach dem Weggang von Heider) auch den Speimanes und den Mählwurm. Als Karl Funck zum Wehrdienst eingezogen wurde, übernahm Mack auch die Schminkarbeiten und Reparaturen in der Puppenabteilung. Nach dem Krieg wurde er am 26. Juni 1946 offiziell vom »Hauptamt für Schulen, Kulturinstitute und Wissenschaft« beauftragt, »die Verhältnisse der Kölner Puppenspiele zu prüfen«. Weil er vollständig ausgebombt war, wurde ihm sogar erlaubt, am Eisenmarkt zu wohnen und von dort seine Aufgabe zu erfüllen. Georg Mack war ein sehr vielseitiger Künstler mit einem großen Talent als Präsident der Puppensitzung. Am 27. Februar 1953 verstarb er – friedlich sitzend in der Straßenbahn.

Karl Funck und Josef Lichtenberg mit Schäl und Tünnes, 1938

Willi Waltzer war der Besteva des Sternengassen-Ensembles ab November 1926 bis zur Schließung 1940. Mit neunzehn Jahren schon, im Jahre 1903, spielte er mit Karl Schmoll und einem der Königsfeld-Brüder mit einem eigenen Theater im Varieté »Panoptikum«; möglicherweise hatte er sein Talent von seinem Vater geerbt, der ebenfalls Puppenspieler war. Sein offizieller Vertrag bei den Puppenspielen lief im März 1945 aus. Er starb im Alter von sechsundsechzig Jahren im August 1950 und übergab seine Figur in die Hände von **Arnold Haubrich**.

Hans (Johann Georg) Heider begann auf Empfehlung von Fritz Danz im Februar 1927 ein Volontariat im Theater. Zunächst war er nur Beleuchter und »Mädchen für alles«, ab 1935 auch Puppenspieler. Unter anderem bekam er die Titelrolle in dem Erfolgsstück »Der Huhzickspuckel« von Hubert Molis. Im Juli 1937 verließ er das Hänneschen und ging als Puppenspieler zum Landestheater Saarpfalz nach Kaiserslautern.

Mit **Hanns-Edmund Schmidt** begann bei den Städtischen Puppenspielen die Darsteller-Reihe der hochdeutschen Rollen. Mit Unterbrechungen arbeitete Schmidt bis zur Schließung im Juni 1940 am Eisenmarkt. Nach dem Krieg wurde er nicht wieder eingestellt, da Funck schon **Josef Brückner** für das Fach »Hochdeutsch« ausgewählt hatte. Aber Brückner blieb nur anderthalb Jahre, bis zum Januar 1950. Erst im Juli 1951 sollte **Hans-Rolf Fuchs** die »hochdeutsche Tradition« weiterführen. Ursprünglich auch für das hochdeutsche Fach kam **Fritz (Friedrich) Beyer** im Juli 1938 dazu. Als er im August 1948 von Karl Funck wieder eingestellt wurde, etablierte er für sich die Rolle des Schäl. Beyer war gelernter Sänger und Musiker, spielte 1936 bei »Zangerles Rheinische Marionetten Köln« und gründete 1945 ein eigenes Theater- und Konzertunternehmen in Bremen mit dem schönen Namen »Das Füllhorn« – bis er 1948 wieder beim Hänneschen landete. Neben **Carl-Heinz Linskens** spielte er den Schäl bis Juli 1969 immer wieder. Mit sechsundsechzig Jahren beendete Beyer seine künstlerische Laufbahn.
Von Juni 1940 bis 1946 musste der Spielbetrieb wegen des Zweiten Weltkrieges und der zunehmenden Bombardierung Kölns eingestellt werden. Am 2. März 1945 wurde das Gebäude am Eisenmarkt (das seit 1938 Spielstätte war) fast vollständig zerstört. Spielleiter Hans Berschel ist dieser Anblick erspart geblieben. Er überlebte den Krieg und seine Folgen nicht.

1931/32 vor einem weihnachtlichen Bühnenbild. Obere Reihe: Hans Heider, Hanns-Edmund Schmidt, Willi Waltzer, Hans Berschel, Fritz Danz, Willi Seuser, Winand Heller. Untere Reihe: Berta Wetzels – etwa ein Jahr nach Einstellung –, Berta Portz-Nitzgen (am 4. April 1930 hat sie den Schauspieler Fritz Nitzgen geheiratet) und Fanny Meyer

1948

3. Spielleiter Karl Funck (1948 bis 1980 Spielleitung, geboren 17.12.1914 in Köln, gestorben am 16.10.1996 in Neukirchen)

Ab März 1946 bemühte sich der Hänneschen-Spieler und spätere Spielleiter **Karl Funck** im Auftrag der städtischen Verwaltung darum, Spieler und Puppen wieder zusammenzubringen. Gemeinsam mit Georg Mack versuchte er, wieder ein Ensemble und ein bespielbares Theater zu schaffen. In einem der wenigen Interviews, die von Karl Funck erhalten sind, erinnert er sich im Gespräch mit dem Theaterwissenschaftler Hans-Peter Beyenburg im Frühjahr 1991 – als 76-Jähriger – daran, wie er zum Hänneschen kam:

»Ich bin in Köln geboren, und wir haben damals, 1928, im mittleren Teil der Sternengasse ge-wohnt; also unmittelbar in der Nähe des Theaters. Zum Hänneschen bin ich gekommen, da war ich im siebten Schuljahr, durch den Rektor Wilhelm Boes, der auch viele Stücke geschrieben hat. Das war so: Eines Tages schnappte der drei Jungen, die als letzte die Treppe hinauf in ihre Klasse gelaufen kamen. Do wor ich och met bei. Es hieß: Beim Spielleiter des Hänneschen-Theaters Fritz Danz melden. (…) Un vun dä Zick aan wor dä Karl jeden Ovend beim Hänneschen.«[9]

Mit vierzehn Jahren ging Karl Funck also bei Fritz Danz in die Lehre. Erst 1932 wurde er als fester Spieler angestellt. Kurz vorher, im Sommer 1931, durfte er das erste Mal sein Hänneschen spielen. Und diese Figur sollte ihn begleiten und prägen – bis zu seinem Abschied 1980. Aber noch einer anderen Figur fühlte sich der begnadete Puppenspieler Funck stark verbunden: dem Speimanes. An-lässlich seines 50-jährigen Bühnenjubiläums (1978) schrieb der Buchautor und Historiker Max-Leo Schwering im Programmheft über Funck:

»Kein anderer Spielleiter vor Karl Funck hat so stark auf Spiel und Puppenführung eingewirkt. Als Spielleiter (seit dem 1.8.1948) ebenso wie in der Funktion des Regisseurs. Funck brachte auch einen neuen Typ ins Puppenensemble, als er den ›Speimanes‹ in der nun gültigen Form ›erfand‹ und ihm vor allem bei der alljährlichen Puppensitzung, dem Paradepferd des Kölner Stockpuppentheaters, eine Glanzrolle zuwies. Sicherlich hat es den ›spuckenden Herrmann‹ auf der Winters'schen Bühne bereits gegeben. Den eigentlichen und das Spiel auf weite Strecken hin tragenden ›Typ‹ machte indes erst Karl Funck daraus.«

Im Oktober 1970 kam **Gisela Tutt** zum Theater und spielte sich erst durch diverse Rollen, bis sie im Dezember 1971, in einem Weihnachtsmärchen, zum ersten Mal das Bärbelchen spielte – von da ab als feste Figur. Im gleichen Monat wurde auch Hochzeit gefeiert: Am 14. Dezember 1971 wurde sie die Frau des Spielleiters Karl Funck. Nach eigener Aussage war die schönste Zeit immer der freie Tag in der Woche, an dem man »in Ruhe arbeiten« konnte. Es mussten Kleider genäht, Perücken gemacht und die Puppen für die Vorstellungen angezogen und parat gemacht werden. Das Puppenschminken und das Zusammenbauen von Rumpf, Kopf, Armen und Beinen übernahm Karl Funck selbst.[10]

Nach zweiunddreißig Jahren Spielleitung und zweiundfünfzig Jahren Zugehörigkeit zum Hänneschen-Theater hatte der Spielleiter 1980 das Pensionsalter erreicht. Sein Wunsch, auch nach der Pensionierung noch Aufgaben im Theater wahrnehmen zu können, wurde nicht erfüllt. Er zog sich daraufhin zurück und verließ Köln zusammen mit seiner Frau, die zu diesem Zeitpunkt auch schon zehn Jahre die Rolle des Bärbelchen gespielt hatte. Im bayerischen Neukirchen bei Heiligblut starb Karl Funck im Alter von einundachtzig Jahren am 16. Oktober 1996. Seine Witwe **Gisela (Ute) Funck**, geb. Hansmann lebt heute noch dort.

Der 150. Geburtstag des Hänneschens 1952. Obere Reihe:
Georg Mack, Hans Fuchs, Änne Dröge, Albert Kuhlewind, Agnes Achnitz, Josef Knodt, Hans
Gierlach. Untere Reihe: Hans Fischer, Karl Funck, Friedrich (Fritz) Beyer, Berta Wetzels

Im Ensemble spielten 1949:

Karl Funck (Hänneschen, Schäl, Speimanes) 1928 bis April 1980 (1927 bis 1928 Volontär); Georg Mack (Musiker, diverse Rollen) Februar 1933 bis Februar 1953; Fritz (Friedrich) Beyer (Schäl) Juli 1938 bis Juli 1940 und August 1948 bis Juli 1969; Arnold Haubrich (Besteva) August 1948 bis Januar 1951; Josef Brückner (hochdeutsche Rollen) August 1948 bis Januar 1950; Wilhelm Roebruck (Tünnes) August 1948 bis November 1951 (verstorben am 18.11.1951); Hans (Johann) Fischer (Speimanes) August 1948 bis Dezember 1961 (verstorben am 10.12.1961); Berta Wetzels (Bärbelchen u.a.) September 1930 bis Dezember 1960 Festanstellung, bis Februar 1967 Gastspielverträge (71 Jahre alt!); Änne Dröge (Souffleuse, ab 1959 Bärbelchen) September 1936 bis Juli 1971, danach monatliche Verträge bis 1974; Agnes Achnitz (Mariezebell) September 1936 bis Oktober 1966

Die Besetzung im Jubiläumsjahr 1952:

Georg Mack (Musiker, diverse Rollen u.a.); Hans-Rolf Fuchs (hochdeutsche Rollen und Requisite) Juli 1951 bis Juli 1955; Änne Dröge (Souffleuse, ab 1959 Bärbelchen); Albert Kuhlewind (Tünnes) Dezember 1951 bis Juli 1971; Agnes Achnitz (Mariezebell); Josef Knodt (Mählwurm, Besteva) September 1949 bis Juli 1960, danach Stückverträge bis März 1969 (verstorben am 19. März 1969); Hans Gierlach (Besteva) September 1949 bis Juli 1955; Hans (Johann) Fischer (Speimanes); Karl Funck (Hänneschen, Schäl, Speimanes); Fritz (Friedrich) Beyer (Schäl); Berta Wetzels (Bärbelchen u.a.)

Vier Jahre verbrachte der Schauspieler **Hans-Rolf Fuchs** im Hänneschen-Theater. Fuchs ist gelernter Schauspieler, seine Abschlussprüfung machte er in Düsseldorf unter Generalintendant Gustav Gründgens. Spielleiter Funck stellte ihn im Juli 1951 für die hochdeutschen Rollen und die Arbeit in der Requisite ein. Fuchs ist der Enkel von Emma Millowitsch, der Gründerin des Theaters, und der Sohn der Schauspielerin Hilde Fuchs-Millowitsch. Der Name Millowitsch war ja schon zu Winters' Zeiten eng mit dem Hänneschen verbunden, tauchte hier wieder auf und sollte auch noch weitere Male wiederkehren.

Frische achtzehn Jahre war **Sophie Kühlen** alt, aber sie wusste genau, dass sie Puppenspielerin werden will. Im Juli 1953 wurde sie Volontärin. Es stellte sich heraus, dass sie viel Talent und eine schöne Stimme für die Bärbelchen-Figur hatte. Doch sie bekam keinen Puppenspielervertrag, sondern schied nach einem Jahr, im Juni 1954, wieder aus. Es hieß, »aus verschiedenen Gründen«.

Berta Wetzels übernahm als Vierzigjährige aus den Händen von **Berta Portz-Nitzgen** die Figur des Bärbelchen, als diese 1936 erkrankte und bis zu ihrem Vertragsende 1937 nicht mehr spielen konnte. Die ersten Jahre hatte Berta Wetzels als Volontärin unter Danz und Berschel gearbeitet, dann entwickelte sich die gelernte Konzertsängerin zu einer der hervorragenden Puppenspielerpersönlichkeiten des Hauses. Karl Funck bezeichnete sie als »unersetzlich« für das Theater. Zu ihrem 25-jährigen Dienstjubiläum gratulierte Oberbürgermeister Theo Burauen höchstpersönlich. Da war schon längst unwichtig geworden, dass sie gebürtig aus Aachen stammte und erst seit 1928 (als Zweiunddreißigjährige) Kölsch sprach. Verheiratet war Berta Wetzels nicht. Sie lebte nur für das Theater. Erst im Alter von einundsiebzig Jahren endete die »Bärbelchen-Ära« Berta Wetzels. Vier Jahre später verstarb sie.

Ihre Vertreterin im Ensemble war **Änne** (**Anna Hubertine**) **Dröge**. Anfangs wurde sie nur als Souffleuse eingesetzt, ab 1959 spielte sie auch das Bärbelchen. Bis Juli 1971 war sie fest angestellt. Sie blieb dem Theater aber auch nach ihrer Pensionierung als Aushilfspuppenspielerin und als Kassiererin bis 1974 erhalten. Kollegen erinnern sich: Wenn sie nachmittags den Kartenvorverkauf an der Hänneschen-Kasse im Foyer übernahm, kam sie kurz vor Vorstellungsbeginn mit der Kassette hinter die Britz – also auf die Bühne – geflogen, stellte die Kassette ab, nahm sich schnell ihre Puppe und spielte.

Wilhelm Roebruck war einer der »legendären« Tünnes-Darsteller. Leider ist er auf dem Foto von 1952 nicht zu sehen, da er am 18. November 1951 verstarb. Von 1925 bis zum Tod von Josef Niessen, dem »Vater« der Wanderbühne des »Alten Kölner Hänneschen-Theaters« (das Parallelensemble zum »festen Hänneschen«) 1930, spielte er schon den Tünnes.

Niessen bescheinigte Roebruck eine »füllende« Sprech- und Singstimme. Einige Jahre arbeitete er wieder in seinem Beruf als »Marmorpoliseur« – dann zog es ihn erneut zum Hänneschen. Bevor er aber im August 1948 bei den Städtischen

Das Ensemble des »Alten Kölner Hänneschen-Theaters« 1931 während einer Rundfunkübertragung in Leipzig. Von links: Josef Niessen, Wilhelmine und Joseph Oellers, Wilhelm Roebruck und Hedda Schürmann-Lindner

Puppenspielen beschäftigt wurde, spielte er zwei Jahre bei Karl Welterroth, »Kölner Puppenspiele« auf der Luxemburger Straße. Wilhelm Roebruck wurde nur dreiundfünfzig Jahre alt.

Nicht weniger legendär war sein Nachfolger **Albert Kuhlewind**, der sich im September 1951 mit einem kölschen Text (und einer Bonner Adresse) bewarb. Schon im Dezember war Kuhlewind im Ensemble. Er sollte zwanzig Jahre bleiben. Im Juli 1971 erklang zum letzten Mal sein »wundervolles Kölsch« – so erinnern sich einige Kollegen.

Hans (Johann) Fischer war einer der Spieler der ersten Stunde nach dem Krieg. Als gelernter Elektrotechniker konnte er dem Theater auch in praktischer Hinsicht nützlich sein. Von August 1948 bis Dezember 1961 arbeitete er als Beleuchter und als Darsteller des Speimanes in den normalen Stücken – im Karneval wurde der Manes von Karl Funck übernommen. Im Alter von achtundvierzig Jahren erlag Hans Fischer einem Herzinfarkt.

Heinz Plinke wurde als Nachfolger des Musikers Georg Mack im April 1954 eingestellt. Mack war bis Ende Februar des gleichen Jahres auf der Hänneschen-Bühne aktiv gewesen. Mit Plinke begann eine neue musikalische Ära. Während des Krieges hatte er die »Frontbühne« der Wehrmacht geleitet, danach bei renommierten Häusern im Rheinland als Kapellmeister gearbeitet. Im Hänneschen übernahm er nicht nur die musikalische Leitung, sondern komponierte, arrangierte und textete die meisten Schlusslieder und viele andere musikalische Beiträge selbst. Besonders stolz ist er nach eigener Aussage auf die Erfindung des »Knollendorfer Gesangsvereins«, der sich bis heute unter dem leicht veränderten Namen »Knollendorfer Quartett« in der Puppensitzung erhalten hat. Plinke übernahm zusätzlich ab März 1962 die Funktion des Beleuchters, da sich bis dahin niemand als Nachfolger von Hans Fischer gefunden hatte. Und nicht zu vergessen: Heinz Plinke war über das Genannte hinaus ein wichtiger Puppenspieler und kreativer Geist in der Weiterentwicklung des Theaters. Als Darsteller des Speimanes regte er zum Beispiel bei Spielleiter Funck den »Ausbau« der Manes-Figur als Literaten der Puppensitzung an, was dann von Funck umgesetzt wurde. Neben dem Speimanes in den normalen Stücken spielte Plinke auch den Schnäuzerkowski. Nach längerer Krankheit ging Heinz Plinke im Oktober 1980 in Pension. Er lebt heute in Köln-Gremberg.

Nach dem Tod von **Arnold Haubrich** im November 1951 übernahm **Josef Knodt** den Besteva – er spielte aber auch den Mählwurm. Im September 1949 wurde Knodt zunächst als Aushilfe für den erkrankten Josef Brückner eingesetzt, auch da schon für den Besteva. Im März 1959 gab er seine längjährige Nebenaufgabe, die Requisite, an **Hans Bedbur** ab – im Juli 1960 hatte er das Pensionsalter erreicht. Mit über achtundsechzig Jahren sah er noch keinen Grund, aufzuhören. Er spielte weiter bis zum 19. März 1969. An diesem Tag starb Josef Knodt im Alter von siebenundsiebzig Jahren.

Seine Partnerin in der Rolle der Mariezebell war **Agnes Achnitz**. Et »Nies« war schon seit September 1936 für die »Puppenspiele« tätig und war im August 1948 (mit vierundfünfzig Jahren!) sofort wieder zur Stelle, um ihre geliebte Mariezebell erneut zu übernehmen. Die Rolle hatte vor ihr Fanny Meyer bis Juni 1935 gespielt und dann für ein Jahr – nach der Entlassung der jüdischen Kollegin – **Magdalene Bossemeyer**. Letztere kam von der Millowitsch-Bühne zum Hänneschen. Sie wurde im Juli 1935 eingestellt, kündigte aber aus persönlichen Gründen schon im September 1936 wieder. Im gleichen Monat trat Agnes Achnitz die Nachfolge an.

Agnes Achnitz war studierte Sängerin und hatte lange vor dem Hänneschen-Theater reichlich Kölner Bühnenluft geschnuppert: Metropoltheater Köln, zwölf Jahre Operettensängerin am Reichshallentheater in Köln, Kammerspiele Köln und diverse Produktionen für den WDR. 1959 erreichte sie das Pensionsalter, spielte aber noch bis Oktober 1966 mit Stückverträgen weiter. 1961 feiert sie ihr 25-jähriges Bühnenjubiläum, im März 1974 ihren achtzigsten Geburtstag. Am 22. September 1977 verstarb Agnes Achnitz nach einer langen und erfolgreichen Künstlerinnenkarriere mit dreiundachtzig Jahren.

Hans (Johann) Gierlach wurde im September 1949 auf Empfehlung von Karl Funck und Dr. Josef Klersch (vom Amt für kölnisches Brauchtum) für die Rolle des Besteva eingestellt. Neben Josef Knodt spielte Gierlach diese Rolle im Kinderstück dann auch bis zu seinem Weggang im Juli 1955.

In den 50er und 60er Jahren gab es noch einige Namen, die nur kurzfristig dem Ensemble angehörten: **Mathias Schlossmacher** (September 1954 bis Ende 1954), **Georg Karcher** (November 1957 bis Juli 1958), **Josef Quadflieg** (November 1957 bis März 1958), **Kaspar Recht** (Juli bis September 1955), **Hans Lindenberg** (April bis August 1956), **Hans Friebertshäuser** (September 1960 bis März 1961), **Gertie Runkel** (geb. Magka) (Juli 1956 bis Oktober 1956), **Heinz Steffens** (Dezember 1952 bis März 1953), **Maria Welzer** (August 1960 bis März 1961), **Willy Polls** (Juli 1960 bis September 1960) und **Heinrich Zunner** (März 1955 bis Juli 1956).

Ein kurzes Zwischenspiel im Theater für die Rolle der Mariezebell hatte **Emilie Lippa** (geb. Lücke), die von November 1953 bis Juni 1954 probeweise eingestellt worden war. Obwohl sie nach eigenen Angaben schon einige Monate

mit Niessens »Altem Kölner Hänneschen-Theater« gereist war, wurde sie nicht fest ins Ensemble übernommen.

Die gelernte Schauspielerin **Anita Riotte** erinnert sich genau an ihre Abschlussprüfung, die am 20.3.1944 im alten Opernhaus stattfand – einen Monat später gab es in Köln keine Oper mehr. Bomben machten das Haus unbespielbar. Zehn Jahre darauf wurde sie Puppenspielerin unter anderem der Annekatring beim Hänneschen – von April 1954 bis Juli 1961. Anita Riotte lebt in Köln.

Auch an den Nachwuchs wurde gedacht in dieser Zeit. Die »Puppenspiellehrlinge« **Herbert Gerards** und Gertie Schlösser wurden in die »Hänneschen-Familie« aufgenommen. Gerards bewarb sich mit vierzehn Jahren, wurde im April 1955 eingestellt und besuchte gleichzeitig die Berufsschule für Bühnenmaler. Die erste Prüfung im Mai 1958 fiel nicht so rosig aus, dafür wurde er beim zweiten Durchgang im November 1958 mit einem Volontärvertrag belohnt. Als Volontär spielte er kleine Rollen, betätigte sich aber hauptsächlich beim Bühnenaufbau und der Beleuchtung.

Gertie Schlösser absolvierte ihre Abschlussprüfung als Lehrling im April 1958 mit einem sehr guten Ergebnis. Besonders ihre kölsche Sprechtechnik und ihre Begabung zur Gestaltung von Rollen wurden gelobt. Nach dem anschließenden Volontariat, das sie im Juli 1960 beendete, wurde sie jedoch nicht weiterbeschäftigt.

Als geeignet für das hochdeutsche Fach wurde **Karl-Heinz Reinartz** im September 1954 engagiert. Als er schon einen Monat später vertretungsweise das Hänneschen im Kinderstück »Lotterbove« spielte, schrieb die »Neue Rhein Zeitung«: »Eine schöne klare Stimme. Ein Kölsch, das sich hören ließ und überall verstanden wurde.« Reinartz spielte verschiedene Rollen bis Juli 1957.

Im Ensemble 1955 spielten:
Karl Funck (Hänneschen, Schäl, Speimanes); Berta Wetzels (Bärbelchen u.a.); Änne Dröge (Souffleuse, ab 1959 Bärbelchen); Heinz Plinke (Kapellmeister, Speimanes, Schnäuzerkowski u.a.) März 1953 bis Oktober 1980; Albert Kuhlewind (Tünnes, Abendvorstellung); Johann (Hans) Schiffer (Tünnes, Kindervorstellung); Fritz (Friedrich) Beyer (Schäl); Agnes Achnitz (Mariezebell); Josef

Knodt (Besteva); Hans Gierlach (Besteva Kindervorstellung); Anita Riotte (Annekatring) April 1954 bis Juli 1961; Hans Bedbur (Mählwurm, Requisite) August 1955 bis Dezember 1984

In der Nachfolge von Hans-Rolf Fuchs hatte **Hans Bedbur** zunächst ab Juli 1955 hochdeutsche Rollen gespielt und als gelernter Opernsänger Gesangspartien übernommen. Es dauerte nicht lange, und er übernahm als fester Spieler die Figur des Mählwurm, den bis 1953 Georg Mack unter anderem dargestellt hatte. Im November 1980 konnte Bedbur auf fünfundzwanzig Puppenspielerjahre zurückblicken. Seit Dezember 1984 ist er pensioniert und lebt heute mit seiner Frau Margret in Ossendorf. Der Tünnes-Darsteller **Hans Schiffer** hatte Bedbur auf das Hänneschen aufmerksam gemacht – und ihn schließlich überzeugt, sich dort zu bewerben. Übrigens war es auch Hans Schiffer, der den späteren Besteva **Hans Friedrich** auf die Idee brachte, ins Hänneschen zu gehen. Schiffer und er kannten sich schon seit 1952 von Auftritten in der Karnevalsbütt. Im September 1958 war es dann so weit. Auf eine Anzeige im Stadt-Anzeiger bewarb sich Hans Friedrich und wurde schließlich unter achtunddreißig Bewerbern ausgewählt – nicht zuletzt wegen seines wundervollen Kölschs. Und das hat er, wie er selbst betont, auf der Straße gelernt, denn seine Mutter kam aus Saarbrücken und sein Vater aus Mayen. Hans Friedrich ist stolz darauf, der erste »richtige« Kölner in der Familie zu sein. Nach dem Tod von Josef Knodt spielte er den Besteva auch im Abendstück; im Kinderstück spielte er ihn bereits vorher. Außerdem belebte er zur großen Freude des Publikums auch die »ahl Kähzmanns« – heute bekannt unter dem Namen »Zänkmanns Kätt«. Mitte der 70er Jahre wurde er zum stellvertretenden Spielleiter von Karl Funck. Diese Funktion gab es vorher nicht. Friedrich war auch Stellvertreter von **Berni Klinkenberg**, der 1980 die Nachfolge von Funck antrat, und stieg auf zum Kommissarischen Leiter des Theaters, als Klinkenberg bereits einige Monate nach Amtsantritt erkrankte. Im Juli 1990 wurde Hans Friedrich pensioniert.

Hans Friedrich und **Marguerita (Grete) Zimmermann-Schmaglowski** kannten sich schon länger von Auftritten im Karneval – Friedrich als Büttenredner und Grete Zimmermann mit ihrem Bruder Hans als »Geschwister Zimmermann«. Auf Anraten von Friedrich bewarb sich Grete Zimmermann bei Karl Funck – und konnte sich unter fünfunddreißig Bewerberinnen behaupten. So-

fort nach der Pensionierung von Agnes Achnitz übernahm sie die Rolle der Mariezebell und spielte sie mit Leidenschaft und Erfolg bis zu ihrem fünfundsechzigsten Lebensjahr. Sie textete und komponierte der Figur eigene Lieder auf den Leib und verlieh ihr im Laufe der Jahre ihre ganz persönliche Note. »Nebenbei« war sie Leiterin der Puppenabteilung und von 1988 an auch stellvertretende Spielleiterin unter Intendant **Heribert Malchers**. Er engagiert sie dann auch für weitere Gastrollen in Abendstücken und der Puppensitzung bis heute.

1958 kam **Charly (Heinz Jakob) Klaes**, genannt »der Lebenskünstler«, zum Theater. Seine Mutter war die Schauspielerin Luise Johns, bekannt unter dem Namen Lotte Waldeck. Gut fünf Jahre (von März 1961 bis Juli 1966) verbrachte **Elisabeth Mangold** als Spielerin verschiedenster Frauenrollen im Hänneschen. Der Tenor **Heribert Steinbach** bereicherte den Theaterbetrieb von August 1959 bis Juli 1962 mit vielen schönen Gesangspartien, unter anderem im »Freischütz«. Ebenfalls aus dem Gesangsfach kam **Gerda Morschel** (geb. Schmitz). Sie war ausgebildete Liedersängerin und hatte schon ein reiches Berufsleben hinter sich. Nachdem sie einige Zeit in Greifswald gelebt hatte, kehrte sie 1956 nach Köln zurück. Funck setzte sich für sie ein und engagierte die Dreiundfünfzigjährige von April 1962 bis zum Abschluss ihrer beruflichen Laufbahn im April 1974.

Im März 1962 begann **Erwin Heine** im Theater. Sein Lehrer Josef Vonderbank hatte ihn zwischen 1942 und 1948 in den Fächern Kunst und Musik unterrichtet. Das war Erwin Heines Glück: Vonderbank war unter anderem Autor verschiedener Hänneschen-Stücke und regte die Kinder an, Puppen zu bauen und eigene Stücke aufzuführen. So ergab sich für Heine der Kontakt zum Hänneschen. 1962 bis 1968 spielte er einige Male neben Karl Funck die Hänneschen-Figur, aber als er den erkrankten Fritz Beyer einmal als Schäl vertreten musste, erkannte Funck in ihm die Idealbesetzung für diese Figur. Fortan spielte **Fritz Beyer** den Schäl nachmittags und Erwin Heine abends. **Carl-Heinz Linskens** spielte ebenfalls den Schäl – aber nur einmal in einem Kinderstück namens »Lotterbove« 1962. 1986/87 wurde Erwin Heine stellvertretender Spielleiter unter **Dr. Gérard Schmidt**. Heine ging im April 1997 in Pension. Die viel-

schichtige Darstellung seiner Schäl-Figur und seine schier unerschöpfliche Fabulierkunst als Präsident der Puppensitzung bleiben unvergessen.

Als aktiver Karnevalist und Krätzchensänger bewarb sich **Mathias Baer** beim Hänneschen und wurde im Juli 1966 engagiert. In seiner fast fünfzehn Jahre währenden Zeit beim Hänneschen spielte er die unterschiedlichsten Rollen, bis er im Januar 1981 mit sechzig Jahren in Pension ging.

Im September 1977 bewarb sich **Marlene Dammin** (geb. Darius) mit dem Hinweis, dass sie zurzeit das »Deutsche Institut für Puppenspiel« in Bochum besuche und unbedingt Puppenspielerin werden wolle. Unter Funck arbeitete sie dann von Januar bis Dezember 1978 als Volontärin.

Hans Schiffer war gelernter Dekorationsmaler, beherrschte mehrere Instrumente und hatte bereits vor der Hänneschenzeit eigene Lieder veröffentlicht. Im Dezember 1953 kam er dazu und spielte den Tünnes in der Kindervorstellung oder auch den Schnäuzerkowski. Nach einer zehnjährigen Pause vom Hänneschen wurde Schiffer im August 1969 erneut von Karl Funck eingestellt – nun übernahm er abends die Tünnes-Figur, und Heinrich Rolle spielte sie nachmittags. Mit dreiundsechzig Jahren, im Dezember 1982, verabschiedete sich Schiffer von den Puppenspielen.

Heinrich Rolle hatte als Kraftfahrer eigentlich gar keine Vorkenntnisse, als er im Mai 1962 Puppenspieler wurde. Aber im Oktober übernahm er bereits die Tünnes-Rolle. Doch damit nicht genug der Überraschungen: Er überzeugte die Verwaltung von der Notwendigkeit eines hausinternen Trompetenunterrichts zur besseren Unterstützung der Musik der Puppensitzung. Im November 1980 tauschte er den Tünnes gegen den Speimanes. Doch diese Figur musste er schon bald aus gesundheitlichen Gründen weitergeben. Im März 1983 beendete er seine Hänneschen-Laufbahn. Am 11. Februar 1987 verstarb er.

1971

*Das Ensemble im Frühsommer 1971 mit einigen Puppen aus
»Schneewittchen« von Jakob Rasquin*

*Von links nach rechts: Gerda Morschel, Grete Zimmermann, Gisela
Tutt, Hans Bedbur, Erwin Heine, Matthias Baer, Änne Dröge, Peter
Ulrich, Heinrich Rolle, Karl Funck, Hans Fischer, Heinz Plinke,
Hans Friedrich*

1977
175 Jahre Hänneschen-Theater und 50 Jahre Puppenspiele der Stadt Köln 1977

Im Ensemble 1976:
Obere Reihe: Mathias Baer (Verschiedene Rollen) Juli 1966 bis Januar 1981;
Hans Bedbur (Mählwurm, Requisite); Heribert Brands (Speimanes, hochdeut-
sche Rollen u.a.) August 1974 bis Juni 1994 (verstorben am 3. März 1999)

Mittlere Reihe: Grete Zimmermann-Schmaglowski (Mariezebell) Februar 1961 bis April 1997, bis heute als Gast im Ensemble; Erwin Heine (Schäl) März 1962 bis April 1997; Gisela Specht (Annekatring, Zänkmanns Kätt u.a.) Mai 1974 bis Mai 1991; Uschi Schwieger (verschiedene Rollen, seit 1980 Bärbelchen) seit November 1975; Heinz Plinke (Kapellmeister, Speimanes, Schnäuzerkowski, u.a.); Hans Friedrich (Besteva) September 1958 bis Juli 1990

Untere Reihe: Heinrich Rolle (Tünnes und Speimanes) Mai 1962 bis März 1983; Peter Ulrich (verschiedene Rollen, 1983–1997 Tünnes, seit 1997 Schäl) seit Dezember 1970; Hans Schiffer (Tünnes); Gisela Funck, geb. Hansmann (Bärbelchen ab 1971) Oktober 1970 bis Juni 1980; Karl Funck (Hänneschen, Schäl, Speimanes)

1957 hatte **Heribert Brands** seine erste Gastrolle im Hänneschen-Theater, im »Bettelstudent«. Zunächst aber blieb er bei seiner gelernten Profession, dem Grafik-Design. Erst 1974 sprach Brands auf eine Annonce hin wieder im Theater vor – und wurde nun hauptberuflicher Puppenspieler. 1981 übernahm er die Speimanes-Figur aus den Händen von Heinrich Rolle (nach Heinz Plinke und Karl Funck) und prägte ihr einen Teil seiner Persönlichkeit auf. Der Manes wurde zu einer liebenswürdig-umständlichen, vorwitzigen und gerechtigkeitsliebenden kleinen Narrenfigur – kurz, noch ein Stück mehr zum Liebling vieler Hänneschen-Fans. Auch privat gab es einige Veränderungen: 1985 heiratete Brands seine Kollegin **Stefanie Gemein**, die seit 1981 Ensemblemitglied ist. Sie spielte anfangs Hexen, Engelchen und freche Pänz, ab 1992 – nun als **Stefanie Brands** – das »Röschen«, Schäls Tochter, und ab 1997, dem offiziellen Pensionsjahr von Grete Zimmermann, übernahm sie außerdem die Mariezebell. Steffi Brands hat in den letzten Jahren einige Kinderstücke verfasst und selbst Regie geführt. Nach wie vor schminkte sie gemeinsam mit Heribert Brands zusammen die Puppen – bis er im Juni 1994 in Pension ging. Ein »Ruhestand« war dies allerdings eher nicht, denn er war künstlerisch hochaktiv und entwarf beispielsweise weiterhin die Orden der Gemeinschaft der Puppenspieler »Löstige Knollendorfer« und mehrere Wagen für die Kölner Rosenmontagszüge. Heribert Brands verstarb am 3. März 1999.

Im November 1975 ging für die damalige **Uschi Schwieger** ein Traum in Erfüllung: Sie wurde Puppenspielerin. Wenige Wochen vorher hatte sie noch eine Vorstellung mit ihrer Tochter Birthe besuch und dann ging alles ganz schnell. Ihre Erstlingsrollen waren Prinzessinnen, vornehme Damen – aber auch ordinäre Frauen. Seit 1980 bis heute ist **Uschi Hansmann** (sie heiratete am 12.11.1990) die unverwechselbare Darstellerin des Bärbelchen mit ihren vielen Facetten vom »Kinder«-Bärbelchen bis zur anschmiegsamen Verlobten und selbstbewussten jungen Frau an der Seite von Hänneschen. Ihre Gesangsqualitäten zeigt Uschi Hansmann unter anderem seit einigen Jahren mit ihren Beiträgen zur Puppensitzung, in denen sie für »Trend-Promis« Liedtexte auf bekannte Schlager schreibt – und den weiblichen Part natürlich selbst vorträgt.

Die erste Rolle spielte **Gisela Specht** im Mai 1974: »Frau Dickgeld« in »Wann ahl Schöre brenne«. Sie bekam diverse Rollen als Gastspielerin und wurde auf eigenen Wunsch erst im März 1976 fest angestellt. Ab 1985 bis zu ihrem Weggang im Mai 1991 belebte sie, jetzt als **Gisela Tillmanns** (ab 1989 **Gisela Kempkes**), die Annekatring. Als ihre schönste Rolle bezeichnet sie die »Zänkmanns Kätt« in »Lück em Huus« (1990/91), die in der Spielzeit 2001/2003 – auch in »Lück em Huus« – von **Inge von der Lohe** dargestellt wird.

Über dreißig Jahre ist der jetzige Darsteller des Schäl und heutige stellvertretende Intendant **Peter Ulrich** im Hänneschen-Theater. Im Dezember 1970 kam der gelernte Schauwerbegestalter zum Ensemble. Peter Ulrich hat sein Handwerk von der Pike auf gelernt, hat das Hänneschen im Wandel der Zeit erlebt und unter verschiedenen Spielleitern gearbeitet. Von September 1973 bis April 1975 orientierte er sich beruflich um, kehrte aber dann doch zum Theater zurück. Anfangs spielte er »Könige und Glühwürmchen« (Zitat Ulrich) ab 1983 übernahm er von Hans Schiffer die Tünnes-Figur. 1997 dann wechselte er zum Gegenpart und übernahm von Erwin Heine den Schäl und ab 1998 auch den Präsident der Puppensitzung. Seit 1981 hat er unzählige Kinder- und Abendstücke für das Theater geschrieben und auch die meisten davon selbst inszeniert. Peter Ulrich ist 1. Regisseur des Hauses.[11]

1980

4. Spielleiter Bernhard (Berni) Klinkenberg (1980 bis 1983 Spielleitung, geboren am 5.09.1930 in Köln)

Mit **Berni Klinkenberg** entstand eine neue Struktur im Hänneschen: Der Spielleiter ist kein Puppenspieler mehr, sondern hat vorrangig Aufgaben eines Intendanten zu erfüllen, kommt also nicht aus der Mitte des Ensembles, sondern – wenn man so will – von außen. Auch bei den Nachfolgern **Gérard Schmidt** und **Heribert Malchers** wird dies so sein.

1960 übernahm Klinkenberg die Leitung des kölschen Theaters »Kumede«. Er führte zwanzig Jahre lang das Theater des Heimatvereins »Alt-Köln« und diente vielen kölschen Künstlern als Lehrer und Wegbereiter. Klinkenberg war Mitbegründer der Kölner Theaterkonferenz unter Jürgen Flimm, 1975 konnte er sogar ein eigenes Theater eröffnen, »Klinkenberg's Kölsche Bühne«. Mit vielen neuen Ideen präsentierte sich der Bankangestellte bei Amtsantritt der Verwaltung der städtischen Bühnen. Klinkenberg hatte vor, einige weitere Spieler zu engagieren, um neben dem festen Ensemble eine Gastspieltruppe zu haben, die mit einer Wanderbühne durch die Lande zieht; er wollte Puppenopern erschaffen und Musicals spielen, den Nachwuchs durch Fortbildungsmöglichkeiten fördern und mehr Geld in die Öffentlichkeitsarbeit stecken. Leider kam es zu alldem nicht: Berni Klinkenberg erkrankte schon knapp ein Jahr nach Beginn seiner Spielleitertätigkeit und sah sich schließlich gezwungen, im Mai 1983 offiziell seinen Vertrag aufzulösen. Gemeinsam mit seiner Frau Änni zog sich Klinkenberg wieder auf die Arbeit seines eigenen Theaters zurück.

Bereits im Juni 1980 war **Hans Friedrich** zu seinem Stellvertreter ernannt worden und übernahm auch die kommissarische Leitung der Puppenspiele bis zum Beginn der ersten Spielzeit von Gérard Schmidt 1983/84.

1980 beginnt die kurze Spielleiterzeit von Berni Klinkenberg (3. von links). Sein Ensemble 1981 am Tag der Fernsehaufzeichnung von »Dat Offenbach-Feß vum Greechemaat« (von links nach rechts):

Heribert Brands (Speimanes, hochdeutsche Rollen u.a.); Hans Schiffer (Tünnes); Jack-Rolf (Jacky) von Guretzky-Cornitz (Hänneschen ab 1984 u.a.) September 1980 bis März 1981 (Volontär), seit April 1981; Hans Friedrich (Besteva) September 1958 bis Juli 1990; Gisela Specht (Annekatring, Zänkmanns

Kätt u.a.); Grete Zimmermann-Schmaglowski (Mariezebell); Uschi Schwieger (verschiedene Rollen, seit 1980 Bärbelchen); Erwin Heine (Schäl); Hans Bedbur (Mählwurm, Requisite); Peter Ulrich (verschiedene Rollen, 1983–1997 Tünnes, seit 1997 Schäl)

Auf diesem Bild fehlt **Hans Axler** (s. das Bild von 1983, S. 61), der im November 1977 bereits von Karl Funck als Nachwuchs-Hänneschen-Darsteller eingeführt wurde. Mit dreiunddreißig Jahren kam der gelernte Installateur und Kraftfahrer zum Theater; vorher hatte er privat selbst Büttenreden geschrieben und vorgetragen. Bei seinem Vorsprechen konnte Axler mit dem Lied »Wann ich su an ming Heimat denke« überzeugen. Bis März 1985 blieb er bei den Puppenspielen. Um mehr gemeinsame Zeit mit der Familie zu haben, ging er mit einem weinenden und einem lachenden Auge als Hausmeister zum Montessori-Schulzentrum nach Bickendorf.

1981 hatte **Jack-Rolf (Jacky) von Guretzky-Cornitz** das erste Mal Gelegenheit, das Hänneschen zu spielen, und zwar in »Miss Colonia« von Hans Schiffer. 1985 übernahm der heutige Hänneschen-Spieler die Titelrolle des Hauses als feste Figur. Mit seiner unverwechselbaren Stimme und gekonnter Puppenführung begeistert er nun schon einundzwanzig Jahre sein Publikum – mit der Verkörperung des Hänneschens allein schon siebzehn Jahre. Und als Autodidakt hat sich »Jacky« zum regelrechten Lichtkünstler entwickelt. Er gestaltet – zusammen mit dem jeweiligen Regisseur – und programmiert für jede Produktion des Theaters die wunderschönen Lichtstimmungen, durch die auf so manche Szene noch ein I-Tüpfelchen gesetzt werden kann.

Berni Klinkenberg holte den neuen Kapellmeister und gelernten Kirchenmusiker **Günter Schlig** als Nachfolger für **Heinz Plinke** zum Hänneschen. Von Oktober 1980 bis März 1999 komponierte er rund siebzig Lieder – am liebsten für die Kinderstücke –, schrieb Arrangements und studierte die Lieder mit dem Ensemble ein. Am Anfang war es nicht leicht, einen eigenen Stil in die musikalische Gestaltung zu legen. Doch nach und nach wurden neben Walzern und Märschen auch Rock, Swing oder südamerikanische Rhythmen gespielt. Zum Zeitpunkt seiner Einstellung gab es keinen Tontechniker – also auch keine Mi-

krofone. Allerdings waren ein schöner Flügel, eine Hammond-Orgel und ein Synthesizer vorhanden. Das Schlagzeug, so erinnert sich Günter Schlig, wurde im Karneval zu seiner Hänneschen-Zeit mit Vorliebe von Hans Bedbur und manchmal auch von Uschi Schwieger gespielt.

Heide-Bärbel Dautzenberg begann ihr Probejahr im Juli 1980, erkrankte aber ein halbes Jahr später und ging deshalb im Juli 1981 wieder aus dem Dienst. Auch Volontär **Walther Thönig** blieb nur von September 1983 bis März 1984. Ein weiterer Volontär, **Hermann Kühn**, war von August 1983 bis August 1984 im Hause tätig. Als ausgebildeter Sozialpädagoge hatte er vorher in Kinderheimen der Stadt Köln gearbeitet. Er tauchte nach seiner Volontärzeit als Co-Autor von »Et dubbelte Bärbelchen« (1989) und von »Vürhang op!« (1993) nochmals auf.

Eigentlich wollte **Andreas Blaschke** nach Stuttgart an die Hochschule für Musik und Darstellende Kunst, um dort »Diplompuppenspieler« zu werden. Doch dann besuchte er das Hänneschen-Theater bei einem Tag der offenen Tür. Kurze Zeit später ergab sich über eine Anfrage von Gérard Schmidt die Möglichkeit eines Praktikums – und so kam Blaschke bereits als Aushilfspuppenspieler Karneval 1986 hinter die Britz. Von September 1986 bis September 1987 schloss sich ein Volontariat an, in dessen Verlauf er einige kleine Rollen übernehmen durfte. 1988 schrieb er zusammen mit Eva Laue das Weihnachtsmärchen »Die Ieshex«. Heute ist Blaschke selbstständiger Puppenspieler mit dem »Figurentheater Köln«.

1983

5. Spielleiter Dr. Gérard Schmidt (1983 bis 1988 Spielleitung, geboren am 13.8.1945, gestorben am 1.2.1995)

Geboren wurde Gerd Schmidt in Köln-Porz. Nach Philosophiestudium und Promotion sowie längerer Auslandstätigkeit wurde er als **Gérard Schmidt** Redakteur beim Kölner Stadt-Anzeiger. In dieser Funktion berichtete er häufig auch über die Puppenspiele am Eisenmarkt. Schmidt war an vielen Stellen der »Kölsch-Kultur« zu finden: Er schrieb Stücke für die Cäcilia Wolkenburg, war eine Zeit lang Teilhaber an einem Altstadtlokal, das Musik- und Kabarettprogramm anbot, veröffentlichte eigene Bücher wie »Kölsche Stars« oder schrieb Texte für kölsche Comic-Hefte. Während seiner Spielleitertätigkeit mit Beginn des Monats Juli 1983 legte er viel Wert auf Austausch mit anderen Bühnen durch seine Präsidentschaft vom »Deutschen Bund für Puppenspiel« in Bochum und brachte die Gründung des »Fördervereins der Freunde des Hänneschen-

In der oberen Reihe (von links nach rechts):
Heribert Brands (Speimanes, hochdeutsche Rollen u.a.); Hans Friedrich (Besteva); Werner Schulz (Leiter der Hänneschen-Werkstatt und Bühnenbildner) Juni 1975 bis Juni 1994; Jack-Rolf (Jacky) von Guretzky-Cornitz (Hänneschen ab 1984 u.a.); Uschi Schwieger (verschiedene Rollen, seit 1980 Bärbelchen); Hans Axler (Hänneschen u.a.) November 1977 bis März 1985; Renate Vesen (verschiedene Rollen, ab 1990 Köbeschen) seit August 1981; Dr. Gérard Schmidt (Spielleiter) Juni 1983 bis Mai 1988 (verstorben am 1.2.1995); Gisela Tillmanns (Annekatring, Zänkmanns Kätt u.a.); Günter Schlig (Musikalischer Leiter) Oktober 1980 bis März 1999

Zum Einstand des Spielleiters Gérard Schmidt im Juli 1983 versammelt sich das Ensemble auf dem Eisenmarkt.

In der unteren Reihe (von links nach rechts): Erwin Heine (Schäl); Peter Ulrich (verschiedene Rollen, 1983–1997 Tünnes, seit 1997 Schäl); Stefanie Gemein (verschiedene Rollen, seit 1992 Röschen, seit 1997 Mariezebell) seit August 1981 (geheiratet 4.10. 1985: Stefanie Brands); Hans Bedbur (Mählwurm, Requisite); Grete Zimmermann-Schmaglowski (Mariezebell)

Theaters e.V.« auf den Weg. Es gelang ihm, während des umfangreichen Umbaus des Theaters am Eisenmarkt 1986 eine angemessene Ausweichspielstätte zu finden: die Wolkenburg. Insgesamt einundzwanzig Produktionen gab es in den drei Spielzeiten, die er zu betreuen hatte – sieben Stücke davon hatte er selbst geschrieben und die meisten auch inszeniert. Schmidt wollte neue Wege gehen und hatte ein regelrechtes Reformkonzept im Kopf. Er wollte die Knollendorfer Typen bekannter machen durch mehr Modernität. Sein gewagter Umgang beispielsweise mit der Figur des Schäl (in Strapsen, tanzend zu Rockmusik) in der »Knolli Horror Schäl Schau« (1984/85) wurde allerdings bei Verwaltung und Ensemble gespalten aufgenommen. Trotz aller Streitigkeiten wurde die Produktion ein großer Publikumserfolg und erhielt gute Presse. Letztlich ist Gérard Schmidt die Balance zwischen Modernität und Tradition nicht im Einvernehmen mit seinem gesamten Ensemble gelungen. Und das ist der Grund, warum nach fünf Jahren erneut ein Wechsel in der Spielleiterposition anstand: Nachfolger von Schmidt wurde im Juni 1988 der heutige Spielleiter und Intendant **Heribert Malchers**.

1988

**6. Spielleiter und heutiger Intendant Heribert Malchers
(1988 bis heute Spielleitung und Intendanz)**, geboren am 7.10.1947

Noch während seines Jurastudiums spielte **Heribert Malchers** am Kölner Schauspielhaus unter Hansgünter Heyme und über einen Zeitraum von vier Jahren beim Millowitsch-Theater. Nach dem Examen folgten drei Jahre als Schauspieler am Düsseldorfer Schauspielhaus und seit 1974 vielfältige Tätigkeiten für Hörfunk und Fernsehen. Malchers inszenierte kölsche Hörspiele beim WDR, und schließlich ergab es sich, dass er in der Karnevalszeit 1987 einen Film über das Hänneschen-Theater drehte. Aber auch als Autor und Regisseur arbeitete er schon für die Bühne. Seine erste Gastregie führte er 1985 auf Einladung von Gérard Schmidt. Er inszenierte das Weihnachtsmärchen »Et Poppekreppche« von Angelika Bartram. 1987 inszenierte er das Stück »Hän-

nesche em Dracheland«, das in einer Bearbeitung von Erwin Heine aufgeführt wurde. Schon seine Mutter, Käthe Malchers-Laven, verfasste vor und nach dem Zweiten Weltkrieg mehrere Stücke für Kinder und ein Weihnachtsmärchen. Malchers' erste Regiearbeit als Spielleiter war »Levve live« (1989) von Alice Herrwegen.

Malchers möchte Tradition und Fortschritt miteinander verbinden. Die gekonnte Mischung von Brauchtum, kölscher Sprache und aktuellen Themen führt dazu, dass der Spaß für das Publikum nicht zu kurz kommt. Bis heute zeigen ihm die ausverkauften Abendvorstellungen, dass er mit seinem Ensemble den richtigen Weg eingeschlagen hat. Er setzte sich dafür ein, dass Grete Zimmermann stellvertretende Spielleiterin wurde, und sorgte dafür, dass die Volontärin und spätere Autorin Iris Schlüter ihre eigenen Stücke inszenieren konnte – als erste Frau an diesem Hause. Malchers' besondere Leistung liegt unter anderem darin, den Stellenwert und die Bedeutung des Theaters in der Kölner Gesellschaft gestärkt und gefördert zu haben. Persönliche Kontakte zu Politik, Wirtschaft und Kultur und eine volksnahe Öffentlichkeitsarbeit wie die beliebte Hänneschen-Kirmes sind seine wirkungsvollen Mittel. Heribert Malchers verbesserte nicht zuletzt ganz entscheidend die Rahmenbedingungen für Spieler und Stockpuppen. Der Ausbau der Puppenabteilung und ein aufwändiger Umbau der Requisite mit Mitteln der Kölner Kulturstiftung der Kreissparkasse Köln haben die Arbeit am Eisenmarkt professionalisiert und modernisiert.

Drei Jahre nach Übernahme der Spielleitung von Heribert Malchers. Das Ensemble im Jahr 1991:

Obere Reihe: Charly Kemmerling (verschiedene Typen-Rollen, hochdeutsche Rollen, Besteva, seit 1995 Speimanes) seit September 1986; Iris Schlüter geb. Schmitz (Volontärin, Puppenspielerin in Vertretung, Autorin, Regie) September 1989 bis Oktober 1990 (Volontariat), Januar 1991 bis November 1992 Puppenspielerin in Vertretung; Heribert Malchers (Spielleiter) seit Juli 1988; Inge von der Lohe (verschiedene Rollen, seit 1995 Zänkmanns Kätt) seit August 1991; Dieter Klein (Tontechnik) seit Mai 1990

Mittlere Reihe: Heinz Becker (seit 1990 Besteva, Musiker, u.a.) seit Januar 1990; Walter Oepen (Schnäuzerkowski) seit Juli 1984; Renate Vesen (verschiedene Rollen, seit 1990 Köbeschen); Jack-Rolf (Jacky) von Guretzky-Cornitz (Hänneschen ab 1984 u.a.); Uschi Hansmann (verschiedene Rollen, seit 1980 Bärbelchen); Udo Müller (verschiedene Rollen, seit 1991 Tünnes im Kinderstück, seit 1997 Kinder- und Abendstück)

Untere Reihe: Werner Schulz (Leiter der Hänneschen-Werkstatt und Bühnenbildner); Grete Zimmermann-Schmaglowski (Mariezebell); Peter Ulrich (verschiedene Rollen, 1983–1997 Tünnes, seit 1997 Schäl); Erwin Heine (Schäl); Heribert Brands (Speimanes, hochdeutsche Rollen u.a.); Stefanie Brands geb. Gemein (verschiedene Rollen, seit 1992 Röschen, seit 1997 Mariezebell); Alice Herrwegen (Puppenspielerin in Vertretung, Autorin) Januar 1991 bis November 1992; Günter Schlig (Musikalischer Leiter)

Nicht auf diesem Foto (aber auf dem nächsten aus dem Jahr 1993, S. 68) abgebildet ist der Puppenspieler **Hans Fey**; er war zu der Zeit als Mitglied des Personalrats (seit Juli 1990) freigestellt. Seit 1985 ist er der Darsteller des Mählwurm. Während der Vorstellungen sorgt er für einen reibungslosen Ablauf der Um- und Aufbauten auf der Bühne. Ebenfalls nicht auf diesem Bild festgehalten wurde **Barbara Cibis**, die in der Spielzeit 1991/92 ihr Volontariat absolvierte.

Zwei Jahre vor ihr, im Oktober 1989, begann **Iris Schlüter** ihr Volontariat, nachdem sie eine Magisterarbeit im Fach Theaterwissenschaft über das Hänneschen-Theater geschrieben hatte. Im Anschluss daran vertrat sie als Puppenspielerin – gemeinsam mit **Alice Herrwegen** – Stefanie Brands ein Jahr lang während des Erziehungsurlaubs. Parallel dazu begann Iris Schlüter zu schreiben und später auch Regie zu führen – mittlerweile sind zwölf Stücke von ihr aufgeführt worden. Alice Herrwegen ist die Autorin des Stücks »Levve live« (1989).

Hausmusik, Altermarktspielkreis, Sachbearbeiter bei einer Versicherung – das sollte nicht alles im Lebenslauf von **Walter Oepen** bleiben. Spielleiter Gérard Schmidt holte ihn im Juli 1984 ans Haus. Mit seiner Figur Schnäuzerkowski und seinen frechen Liedern in den Puppensitzungen wurde er zu einer festen Größe in der künstlerischen Vielfalt des Puppenspieler-Ensembles. Und: Als kölscher Liedermacher und Texter des Programmhefts fügt er noch weitere Qualitäten hinzu. Oepen ist – nebenbei bemerkt – auch Mitautor dieses Buches.

Mit achtundzwanzig Jahren kam im September 1986 der gelernte Schauspieler **Charly (Karl-Heinz) Kemmerling** zur Hänneschen-Bühne. Und ein weiteres Mal ergab sich eine Verknüpfung zum Millowitsch-Theater: Hier spielte Kemmerling in den Jahren 1983 bis 1986 in mehreren Theater- und Fernsehproduktionen. Als Theaterschauspieler hatte er zuvor am Stadttheater Oberhausen und in Köln am »Theater Der Keller« sowie am »Theater im Bauturm« gearbeitet. Nach einer Tournee mit Gisela Uhlen und unterschiedlichen Rollen im WDR-Fernsehen spielt Kemmerling seit 1995 den Speimanes als feste Rolle am Hänneschen-Theater und ist seitdem Autor und Interpret der »Maneslieder«. Die »Wooschpräsentation« sowie die Moderationen für den Literaten Speimanes in den Puppensitzungen schreibt und inszeniert er selbst. Kemmerling hat bisher außerdem zwei Ostermärchen und Kinderpuppensitzungen geschrieben und inszeniert. Auf der Bühne verblüfft er das Publikum immer wieder mit seiner ausgeprägten Imitationsgabe.

Als Nachfolger von Hans Friedrich kam der Kirchenmusiker **Heinz Becker** zum Ensemble. Sein Markenzeichen ist seine schöne Bassstimme, die für die Einstellung im Januar 1990 ein entscheidender Grund war. Mit Vorliebe wird er daher von Regisseuren für Weihnachtsmänner oder Märchenfiguren wie den »Vatter Rhing« besetzt. Schon einige Monate nach seinem Einstieg übernahm er als feste Rolle den Besteva. Seine musikalischen Qualitäten haben sich parallel dazu ausgewirkt, denn Heinz Becker hat mittlerweile eine Reihe von Liedern für das Theater geschrieben. In der Puppenabteilung restauriert er außerdem die Puppen für die Aufführungen, baut sie zusammen und repariert, was repariert werden muss.

Inge von der Lohe ist ein Dialekttalent und seit 1995 die Darstellerin des Publikumslieblings »Zänkmanns Kätt«, die vor ihr Hans Friedrich und Gisela Kemkes gespielt haben. Im August 1991 begann sie als Spielerin der Anneka-

tring. Ihre Vorliebe galt aber immer schon eher den schrägen Figuren, und so kam sie schließlich zur »Kätt«. Gemeinsam mit **Renate Vesen** richtet Inge von der Lohe die Puppen für jede Aufführung spielfertig her, zieht sie an und um. Die beiden führen gemeinsam seit der Pensionierung von Grete Zimmermann im Sommer 1997 die Puppenabteilung. Renate Vesen begeistert mit ihrer herzensfrechen Gestaltung des Tünnes-Sohnes Köbeschen seit 1990 ihr Publikum. Anfangs spielte Stefanie Brands das Köbeschen, aber als die Figur Röschen das Licht von Knollendorf erblickte, hatten die beiden »rotzfrechen Pänz« ihre Idealbesetzungen gefunden: Röschen mit Stefanie Brands und Köbeschen mit Renate Vesen.

Zeitgleich mit Inge von der Lohe kam **Udo Müller** im August 1991 ins Hänneschen. Seine Bühnenerfahrung hatte er bereits als Schauspieler unter anderem im Altermarktspielkreis erworben – er übernahm aus dem Stand den Mählwurm in Vertretung. Im Kinderstück spielte er im gleichen Jahr außerdem den Tünnes – die Figur, die er heute noch als feste Besetzung in allen Produktionen ausfüllt. Mit seinem speziellen Humor hat er dem Tünnes neue Facetten verliehen ebenso wie mit seinen eigenen Texten, denn Udo Müller hat bisher neun Kinderstücke und neun Kinderpuppensitzungen geschrieben und auch inszeniert. Damit ist er ein weiteres Beispiel für die große Kreativität und Produktivität, die von den Puppenspielern – neben ihrer täglichen darstellerischen Arbeit – für das Haus geleistet wird.

Im Sommer 1993 sind wieder einige »neue« Gesichter dabei: Obere Reihe: Ralf Bungarten (seit 1991 am Theater, er leitet seit 1994 die Hänneschen-Werkstatt in Nachfolge von Werner Schulz), Udo Müller, Hans Fey (seit 1984 am Theater, seit 1985 Mählwurm), Heribert Malchers, Inge von der Lohe, Dieter Klein (Tontechnik seit Mai 1990), Hermann Prinz (Technischer Bühnenvorstand seit März 1992). Mittlere Reihe: Heinz Becker, Walter Oepen, Renate Vesen, Charly Kemmerling, Uschi Hansmann, Jacky von Guretzky-Cornitz, Stefanie Brands, Jupp Schönberg, Günter Schlig. Untere Reihe: Werner Schulz, Heribert Brands, Grete Zimmermann, Peter Ulrich, Erwin Heine

Nicht auf diesem Foto zu sehen ist die Volontärin **Frauke Meyer**, die von Juni 1993 bis Juni 1994 dem Ensemble angehörte. Von März bis Mai 1993 hat sie die Dokumentation des Manuskriptarchivs weitergeführt, die der Theaterwissenschaftler Hans-Peter Beyenburg begonnen hatte, und ihre erste Regieassistenz bei Charly Kemmerling gemacht. Damals begann sie auch die Redaktionsarbeit für das Journal des Fördervereins »Hinger d'r Britz«, dessen Redaktionsleiterin sie jetzt seit acht Jahren ist. Seit Juni 2000 heißt sie **Frauke Kemmerling**.

Im Jubiläumsjahr 2002 sieht das Ensemble so aus (von links nach rechts): Renate Vesen (Köbeschen, versch. Rollen), Elfriede Bauer (im Probejahr 2002), Udo Müller (Tünnes), Hans Fey (Mählwurm), Peter Ulrich (Schäl), Jupp Schönberg (verschiedene Rollen), Heribert Malchers (Spielleiter), Uschi Hansmann (Bärbelchen), Jacky von Guretzy-Cornitz (Hänneschen), Wolfgang Schmitt-Weist (Muskalische Leitung u.a.), Charly Kemmerling (Speimanes), Dieter Klein (Tontechnik), Stefanie Brands (Röschen, Mariezebell), Heinz Becker (Besteva, Musiker), Walter Oepen (Schnäuzerkowski, versch. Rollen), Inge von der Lohe (Zänkmanns Kätt), Mathias Klein (verschiedene Rollen)

Genau ein Jahr darauf, im August 1992, wurde **Jupp (Josef) Schönberg** von Heribert Malchers eingestellt. Besonders die vielen kleinen Nebenrollen haben ihm immer gefallen; in sie müsse man sich viel intensiver und jedes Mal neu hineinversetzen. Vertretungsweise hat Schönberg schon einige Male das Hänneschen oder den Speimanes gespielt.

Die »neuesten« Zugänge sind **Wolfgang Schmitt** als musikalischer Leiter und Kapellmeister sowie die Puppenspieler **Mathias Klein** und – ganz frisch – die Puppenspielerin im Probejahr **Elfriede Bauer**. **Wolfgang Schmitt** ist seit 1997 als musikalischer Leiter am Hänneschen-Theater beschäftigt, seit März 2000 fest angestellt. Im fünfzehnten Jahr schreibt der gebürtige Kölner Arrangements für das Kölner »Divertissementchen«. Christoph Klöver, der langjährige Dirigent vom »Zillche«, holte Wolfgang Schmitt als klassisch ausgebildeten Musiker (Musikhochschule Köln) an seine Seite als Dirigent und Repetitor. Im Hänneschen zeigt sich seine große Stärke darin, die unterschiedlichen Gesangspotenziale zu einem ausdrucksstarken Ensembleklang zusammenzuführen. Er selbst sieht sich als »Klassiker« – mit einer Leidenschaft für die »großen Wiener«, Mozart, Beethoven, Brahms, Mahler, die er in vielerlei Hinsicht im Theater umsetzen kann.

Für **Mattes (Mathias) Klein** ist das Hänneschen der »Inbegriff des Kölschen« – und so ging für ihn im Januar 1998 ein Berufstraum in Erfüllung. Als längjähriger Präsident der »Kajuja« konnte er seine Erfahrungen vom Fastelovend einbringen und hat seitdem seine Büttenreden für die Puppensitzung geschrieben und vorgetragen. Gemeinsam mit Hans Fey ist er verantwortlich für den Ablauf von Auf- und Umbauten auf der Bühne.

Kein schlechter Einstieg – möchte ich meinen –, wenn man zum 200-jährigen Jubiläum des Theaters ins Ensemble aufgenommen wird: So könnte die Puppenspielerin (im Probejahr) **Elfriede Bauer** sich denken. Ihre erste Rolle im aktuellen Stück »Lück em Huus« war eine Dame im Bikini. Mal sehen, was die Jubiläumsstücke 2002 für Rollen mit sich bringen.

Anmerkungen

1 Dr. Josef Niessen: Das alte Kölner Hänneschen-Theater, Köln, 1931, S. 102

2 Vgl. auch die Ausführungen von Walter Oepen im Zusammenhang mit den Spielorten in Kapitel 4

3 Horaz erwähnt in seiner »Dichtkunst«, dass Thespis (einer der ersten griechischen Tragödienautoren der Antike) eine Art Wanderbühne hatte. Der Name Thespiskarren hat sich erhalten für die Bezeichnung des Wagens/der Karre, mit der Wandertheater unterwegs waren und der gleichzeitig als Wohnung und Bühne diente.

4 Die Angaben zu den Geburtsdaten sind unterschiedlich: In »Alt-Köln« wird 1780 als Taufjahr angegeben, der Sterbezettel weist das Geburtsjahr 1784 aus. Wahrscheinlich handelt es sich bei den Angaben in »Alt-Köln« um einen Fehler. Es ist anzunehmen, dass Elisabeth Thierry am 6.1.1784 geboren und zehn Tage später, am 16.1.1784, getauft wurde – und nicht wie angegeben am 16.1.1780.

5 Niessen, Carl. Das Rheinische Puppenspiel. Bonn 1928. Siehe auch Quellenangaben im Anhang.

6 An dieser Stelle danke ich Max-Leo Schwering für ein Gespräch, das mir die Hintergründe dieser Zeit veranschaulichte. Vergl. dazu auch die Ausführungen von Walter Oepen in Kapitel 4, S. 102.

7 Quellen: Alle Daten und Informationen stammen entweder aus Personalakten des Historischen Archivs der Stadt Köln oder sind in zahlreichen Recherche-Interviews mit ehemaligen Puppenspielern bzw. den heute am Theater beschäftigten Ensemblemitgliedern zusammengetragen worden. Die Akten und die Gespräche sind im Anhang aufgeführt.

8 Daten nicht gesichert. Keine historischen Quellen auffindbar.

9 Interview in »Hinger d'r Britz«, Ausgabe 3, November 1991

10 Die Informationen stammen aus Presseunterlagen und einem Telefonat mit Gisela Funck vom 24.09.2001. Genauere Angaben zu Karl und Gisela Funck können wir leider nicht aufführen, da uns die entsprechenden Quellen nicht zugänglich waren.

11 Viele der bereits erwähnten oder noch zu erwähnenden Puppenspieler/-innen und Spielleiter waren auch Autoren/-innen und/oder haben Regie geführt. Angefangen natürlich bei Christoph Winters und den Familien Klotz und Königsfeld über Josef und Carl Niessen, Jakob Dinggarten und Hedda Lindner-Leuschner über Berta Wetzels, Albert Kuhlewind, Josef Lichtenberg, Karl Funck, Gertie Runkel, Fritz Beyer, Erwin Heine, Berni Klinkenberg, Hans Friedrich, Gérard Schmidt, Hermann Kühn, Alice Herrwegen bis hin zu den heutigen Autorinnen und Autoren Stefanie Brands, Iris Schlüter, Udo Müller, Charly Kemmerling, Peter Ulrich und Heribert Malchers.

2

Jürgen Trimborn

Ein fruchtbares Zusammenwirken:
Das Hänneschen und die Kölner Theaterwissenschaft

Als Kind von fünf Jahren sah Carl Niessen, der spätere Professor für Theaterwissenschaft, auf Pützchens Markt das Hänneschen im Kirmestrubel Faxen spielen. Diese erste Begegnung trug nachhaltige Früchte.

Noch als Gymnasiast begann er, serienmäßig Hänneschenpuppen mit Gipsköpfen herzustellen, die Kleider dazu wurden von seiner Schwester genäht. Das Modell gaben die berühmten Schnittmusterbögen von Fritz Hönig ab. In dem großen Patrizierhaus, das die Familie Niessen bewohnte, wurde eigens eine Bühne gebaut, die dem Schüler zur Verfügung stand und auf der er seine durch die Begegnung mit dem Hänneschen ausgelöste Theaterbegeisterung ausleben konnte.

Ausschlaggebend für Niessens Engagement war also die eigene Kindheitserinnerung, die er mit dem Hänneschen verband und die er immer wieder als Grundlage seiner lebenslangen Begeisterung für das Medium Theater bezeichnete. Nachdem die einst so blühende Hänneschen-Tradition zu Beginn des 20. Jahrhunderts weitgehend in Vergessenheit geraten und zur reinen Jahrmarktsattraktion verkommen war, war es Niessen, der die Geschichte und Entwicklung der Hänneschen-Bühne des 19. Jahrhunderts eingehend wissenschaftlich erforschte und der in den 20er Jahren auf der Grundlage seiner Forschungen für eine Wiederbelebung der kölnischen Puppenspieltradition kämpfte und damit den Kölnern ihr Hänneschen zurückgab.

Niessen wurde 1920 zum weltweit ersten Professor für Theaterwissenschaft. Zwischen ihm und dem Hänneschen wuchs eine Verbindung, die für die kölnische Puppenspieltradition nicht hoch genug eingeschätzt werden kann. Zusammen mit seinem Bruder Josef Niessen leistete er einen wesentlichen Beitrag dazu, dass die Tradition des Kölner Hänneschen-Theaters nicht abriss, sondern neu auflebte und schließlich in der institutionellen Etablierung des Hänneschen-Theaters als »Städtische Puppenspiele« mündete. Dass es das Hänneschen-Theater auch ohne den Anstoß von wissenschaftlicher Seite und ohne den unermüdlichen Einsatz Niessens heute noch gäbe, erscheint eher unwahrscheinlich. Worin lag nun genau die Leistung des Kölner Theaterwissenschaftlers?

Niessens Spurensuche in Sachen Hänneschen

Schon früh hat sich Carl Niessen immer wieder auch mit den volkstümlichen Formen dramatischer Kunst beschäftigt. Als Forscher, Lehrender und Sammler widmete er sich von Beginn seiner wissenschaftlichen Laufbahn an der internationalen Pupenspieltradition und anderen dramatischen Kleinkünsten wie etwa dem Schattenspiel. Schwerpunkt seines Sammelns und Forschens war aber gerade das europäische und speziell das deutschsprachige und hier insbesondere das Kölner Puppenspiel. Zu ihm fühlte sich Niessen als gebürtiger Rheinländer in besonderem Maße hingezogen. Er trug Literatur, Stücktexte, Zeitungsartikel, Plakate, Theaterzettel und schließlich auch Puppen und Requisiten zum europäischen (vor allem dem flämischen Puppenspiel in Lüttich, Gent und Antwerpen) und zum deutschsprachigen Puppentheater zusammen, verfügte schon bald über die bedeutendste Puppenspiel-Spezialsammlung ganz Deutschlands und machte Köln damit zum unbestrittenen Zentrum der deutschen Puppenspielforschung. Als Carl Niessen damit begann, sich eingehender mit dem Hänneschen zu beschäftigen, schien die Zeit des Puppenspiels gerade endgültig zu Ende zu gehen. Was der junge Theaterforscher bergen konnte, waren nur noch Trümmer.

Porträt Carl Niessen (1890–1969) erster Ordinarius für Theaterwissenschaft an der Kölner Universität.

Dennoch gelang es ihm, im Rahmen seiner Forschungen die Wurzeln des Kölner Hänneschens sehr genau zurückzuverfolgen. Die Vorbilder für die Kölner Puppen und die Kölner Art der Puppenführung (die im Vergleich zu den Marionetten relativ selten vorkommenden Stockpuppen) fand er im flämischen Puppenspiel. Vergleichsweise lange musste er forschen, bis er auch die Herkunft der auffälligen dreiteiligen Bühne des Kölner Hänneschen-Theaters klären und nachweisen konnte, in welcher Tradition die Bühnengliederung des Hänneschens stand. Es gelang Niessen schließlich im Jahre 1937, als exaktes Vorbild für den dreiteiligen Aufbau der Kölner Bühne das traditionelle Steyrer Krippenspiel glaubhaft zu ermitteln. Die Raumform der Hänneschen-Bühne ist nachweisbar durch das Krippenspiel vorgegeben (daraus erklärt sich auch, warum das Hänneschen ursprünglich immer wieder als »Et Kreppche« oder als »Kreppenhänneschen« bezeichnet wurde), das somit also gleichsam als Mittler zwischen geistlichem Spiel und Puppentheater gewirkt hat. Wie genau die Kölner in Kenntnis der Steyrer Bühne kamen, die sie dann als Vorbild für ihre eigene Hänneschen-Bühne verwendeten, ist nicht mit Sicherheit nachzuweisen, aber es kann mit großer Wahrscheinlichkeit davon ausgegangen werden, dass das Steyrer Krippenspiel, wie andere Krippenspiele aus dem Alpenland auch, zu Beginn des 19. Jahrhunderts durch Gastspiele in Köln bekannt wurde und einen entsprechenden Eindruck hinterließ. Schließlich gelang es Niessen durch das intensive Studium der Dokumente, etwa im »Historischen Archiv der Stadt Köln«, das Jahr 1802 als Gründungsjahr der Hänneschen-Bühne Johann Christoph Winters' zu eruieren.

Historische Stockpuppen aus der zweiten Hälfte des 19. Jahrhunderts. Die Märchenfiguren Sultan, Graf, Gräfin und Diener.

Neben diesen theaterhistorischen Forschungen begann Niessen ganz konkret in Köln nach Spuren des alten Hänneschen-Theaters zu suchen und sicherte diese erfolgreich für seine im Aufbau befindliche universitäre Studiensammlung. Er nahm Kontakt mit der Witwe Klotz, einer direkten Nachfahrin Winters', auf, von der er neben wertvollen Auskünften über die Hänneschen-Bühne Winters' auch Hunderte eigens von Winters aufgezeichneter Faxen erhielt, die in der Familie noch überliefert waren. Auch zu den anderen Puppenspielprinzipalen Kölns, die noch bis ins 20. Jahrhundert hinein die Winters-Tradition fortzuführen versuchten, nahm Niessen aus wissenschaftlichem Interesse Verbindung auf und vergrößerte auf diese Weise seine Bestände an Materialien zur Geschichte des Hänneschen-Theaters.

Von der Witwe Jean Hamachers erhielt er unter anderem die Originalpuppen aus dem 19. Jahrhundert, die zum Großteil aus dem Theater der Winters-Nachfolger Klotz/Königsfeld stammen, eventuell aber auch noch in die Zeit Winters' zurückreichen könnten (eine der Puppen, eine Teufelsfigur, die statt der bekannten beiden Führungsdrähte ein verlängertes Bein besitzt, mit dem sie bewegt wird, stammt gar noch aus dem Theater Winters' vom Beginn des 19. Jahrhunderts und gilt damit als älteste Kölner Puppe). Von Puppenspielprinzipal Heinrich Königsfeld erhielt er unzählige handschriftliche Textsammlungen mit Hänneschen-Stücken aus dem 19. Jahrhundert, so dass Niessen also mitsamt den in seinem Besitz befindlichen Winters-Stücktexten sehr genau rekonstruieren konnte, was im 19. Jahrhundert auf der Kölner Hänneschen-Bühne gespielt wurde und wie Figuren und Bühne ausgesehen haben. All diese von Niessen in den 20er Jahren zusammengetragenen Materialien sind seitdem Bestandteil der Sammlung Niessen und seit der frühen Nachkriegszeit der Theaterwissenschaftlichen Sammlung der Universität zu Köln. Die Tatsache, dass Niessen diese bis in die 20er Jahre noch in Familientradition weitergegebenen historischen Dokumente in seiner Sammlung zusammengeführt hat, in einer Zeit, in der sich in Köln niemand mehr ernsthaft für das Hänneschen-Theater interessiert hat, führte schließlich dazu, dass sie den Zweiten Weltkrieg überlebt haben und bis zum heutigen Tage als wertvollste Quellen zur Geschichte der Kölner Stockpuppenbühne für die Forschung existieren. Sie legen ein eindrucksvolles Zeugnis von den ersten einhundert Jahren in der Geschichte des Kölner Hänneschen-Theaters ab.

Theaterzettel des Alten Kölner Hänneschen-Theaters aus dem Jahre 1927: Kölsche Kirmes, ein Stück aus der Feder von Hänneschen-Gründer Johann Christoph Winters

Die Tradition lebt weiter – Hänneschen steht wieder auf

Die intensive Erforschung der Hänneschen-Bühne des 19. Jahrhunderts, die Niessen in den 20er Jahren leistete, führte schon bald zu dem Vorhaben, die

Kölner Hänneschen-Tradition wieder aufleben zu lassen. Dies betrieb Carl Niessen in der Folgezeit gemeinsam mit seinem älteren Bruder Josef, einem pensionierten Kölner Rechtsanwalt, mit großem persönlichen Einsatz. Das Engagement der Niessen-Brüder führte zunächst zur Etablierung einer mobilen Hänneschen-Spieltruppe, der Wanderbühne des »Alten Kölner Hänneschen-Theaters«, und gipfelte schließlich in der Gründung der »Städtischen Puppenspiele« als feste stadtkölnische Institution.

Die Hochzeit der Bestrebungen, das Hänneschen wieder auferstehen zu lassen, war die Zeit nach dem Ersten Weltkrieg. Bereits unmittelbar vor Kriegsausbruch hatte es erste Versuche gegeben, das Kölner Hänneschen neu zu beleben und ihm darüber hinaus endlich und erstmals eine feste Bleibe zu verschaffen (bezeichnenderweise war auch hier schon das später tatsächlich bezogene Rubenshaus in der Sternengasse im Gespräch). Unterstützt wurden die Pläne vom damaligen Kölner Oberbürgermeister Max Wallraf sowie vom Verein »Alt-Köln«, der sehr engagiert für das Wiederauflebenlassen der Hänneschen-Tradition kämpfte. Der Ausbruch des Ersten Weltkrieges ließ alle diese Bemühungen allerdings wieder im Sande verlaufen, so dass man nach dem Krieg erneut mit der Überzeugungsarbeit beginnen musste. Jetzt traten die Brüder Niessen auf den Plan. Während Josef Niessen sich verstärkt um die Neubelebung der Kölner Stockpuppentradition bemühte, lieferte Carl Niessen als Theaterhistoriker, der sich intensiv mit der Geschichte des Kölner und rheinischen Puppenspiels beschäftigte, die Argumente, die für ein Wiederanknüpfen an diese alte stadtkölnische Tradition sprachen.

Carl Niessen rief nach dem Ersten Weltkrieg die »Kommission zur Wiederbelebung der Kölner Puppenspiele« ins Leben, die sich eifrig um eine Renaissance des Kölner Puppenspiels bemühte und versuchte, die dafür notwendige Überzeugungsarbeit bei der Kölner Bürgerschaft und den Oberen der Stadt zu leisten. Den ersten großen Erfolg hatte die Kommission, die von der Kölner Schulverwaltung unterstützt wurde, im Jahre 1920, als sie

Einige von Carl Niessen gerettete historische Stockpuppen aus der Mitte des 19. Jahrhunderts. Die Typenfiguren Tünnes, Hänneschen, Bärbelchen und Peter Mählwurm.

Blick hinter die Britz während des Gastspiels zur Rundfunkübertragung in Leipzig 1931. Von links: Wilhelm Roebruck, Hedda Schürmann-Lindner, Joseph und Wilhelmine Oellers

»Faust«

Gastspiel in Wuppertal (1920er Jahre)

das Hänneschen mit einer geliehenen Bühne und entliehenen Figuren (die Bühne und Figuren stammten aus dem Hänneschen-Theater der Brüder Bongardt, die in dieser Zeit das letzte Hänneschen mit einer regelmäßigen Spielstätte in Köln betrieben) an mehreren Abenden in der überfüllten Aula der Ursulinenschule präsentierte. Aufgeführt wurde das »Spiel vom Doktor Faust«, bei dem Carl Niessen, der auch die Regie übernahm, persönlich den Mephisto sprach.

Während der nächsten fünf Jahre zeigte die von Carl Niessen geleitete »Kommission« das Hänneschen-Theater vor allem im kleineren Kreis, bei Schüleraufführungen in Turnhallen und Waisenhäusern. Der große Durchbruch sollte jedoch noch kommen, als Niessen 1925 sein nun so tituliertes »Altes Kölner Hänneschen-Theater«, für dessen Ensemble er übrigens Mitglieder aus dem noch bestehenden Ensemble der Witwe Klotz übernommen hatte, erstmals in größerem Rahmen auf der »Jahrtausendausstellung der Rheinlande« in Köln präsentierte, deren Theaterabteilung er gestaltete. Die vom Publikum der Jahrtausendausstellung nahezu gestürmten Hänneschen-Aufführungen (359 ausverkaufte Vorstellungen in 69 Tagen) brachten den endgültigen Durchbruch der Bemühungen Niessens und begründeten eine regelrechte Hänneschen-Renaissance im Köln der 20er Jahre.

Da sich Carl Niessen als Professor der Theaterwissenschaft, eifriger Sammler, Forscher und Verfasser wissenschaftlicher Untersuchungen nicht ausschließlich dem Kölner Hänneschen-Theater widmen konnte, nahm sich sein älterer Bruder Josef Niessen in der Folgezeit des Hänneschens an. Der Pensionär führte das Hänneschen-Theater zunächst als privates Unternehmen der Familie Niessen weiter, da eine Finanzierung durch das Institut für Theaterwissenschaft auf die Dauer nicht möglich war. Mehrere frühere Kölner Puppenspielprinzipale (u.a. Wilhelmine und Joseph Oellers, Fritz Danz und Karl Schmoll) arbeiteten unter der Führung Jo-

sef Niessens am »Alten Kölner Hänneschen-Theater« mit.[1] Josef Niessen führte die Bühne ab 1925 in unermüdlichem Engagement auf zahlreichen Gastspielreisen durch ganz Deutschland und die benachbarten Gebiete. Die Korrespondenz, die Niessen hierzu mit Bürgermeistern, Stadträten, Kreisvorsitzen-
den, Kulturhäusern, aber auch Schulen und Kaufhäusern führte, ist in der Theaterwissenschaftlichen Sammlung glücklicherweise erhalten. Ihre Auswertung
belegt, dass Josef Niessen mit seiner festen Hänneschen-Gastspieltruppe ab
1925 das ganze Rheinland bereiste, zudem alle Länder um den Rhein von der
holländischen bis zur Schweizer Grenze, Westfalen, Hessen, die Rheinpfalz,
das damals zu Frankreich gehörende Saargebiet, das ehemals zum Deutschen
Reich und nun zu Belgien gehörende Eupen/Malmedy. Niessen führte das Hänneschen-Theater schließlich sogar zu Gastspielen nach Hamburg und nach
Berlin, wo das Kölner Hänneschen auf einem fünfwöchigen Gastspiel im Rahmen der Ausstellung »Deutscher Rhein – Deutscher Wein« auftrat.

Carl Niessen leistete unterdessen die notwendige wissenschaftliche Schüt-
zenhilfe und gab in dieser Zeit mehrere Broschüren heraus (so etwa: »Das Alte
Kölner Hänneschen-Theater«, 1929), die als unterstützende Werbung für die
Wanderbühne dient, und wies in diesem Zusammenhang (gerade in Hinsicht
auf die Auftritte an der Saar und in Eupen/Malmedy) immer wieder auch auf die
volksbildende Wirkung des Puppenspiels hin, da das Hänneschen-Theater
nach dem Ersten Weltkrieg durchaus auch als Mittel einer »Kulturpropaganda«
angesehen wurde.

1928 erschien dann mit Carl Niessens Buch »Das rheinische Puppenspiel –
Ein kulturgeschichtlicher Beitrag zur Volkskunde« die erste zusammenfassende
Darstellung des rheinischen Puppenspiels und speziell des Kölner Hänneschen-
Theaters. Das Buch, das als Standardwerk zum Hänneschen-Theater angesehen
werden kann, wertet in erster Linie die umfangreichen Hänneschen-Bestände
aus, die in den 20er Jahren über die Nachkommen und Nachfolger des Hänneschen-Gründers Johann Christoph Winters in die Sammlung Niessen gekommen sind.

In dieser Zeit der Wiederbegründung der Hänneschen-Tradition und der
umfangreichen Gastspielreisen gab es einen engen und sehr engagierten Austausch zwischen Hänneschen-Theater auf der einen Seite, Theaterwissenschaft
und theaterwissenschaftlicher Studiensammlung auf der anderen Seite. So

Hier weist die Britz das Jahr 1800 aus...

...hier das Jahr 1802 als Gründungsjahr.

nahm Josef Niessen etwa die in der Sammlung seines Bruders überlieferten Spieltexte aus dem 19. Jahrhundert zum Vorbild für die nun aufgeführten Stücke. Auf den Gastspielreisen von Niessens Hänneschen-Wandertruppe wurden so ausschließlich alte, originale Kölner Hänneschen-Spieltexte aufgeführt, die teils aus mündlicher Tradition der mitwirkenden älteren Kölner Puppenspieler stammten, teils noch aus der Feder Winters' überliefert waren. Auch die Puppen der Hänneschen-Bühne Josef Niessens orientierten sich hinsichtlich der Typen sowie Physiognomie und Kleidung an den originalen Hänneschen-Stockpuppen aus dem 19. Jahrhundert, die in der Sammlung seines Bruders überliefert waren. Ebenso griff der dreiteilige Aufbau der Wanderbühne in der zweiten Hälfte der 20er Jahre direkt auf die von Carl Niessen ermittelte Raumform der Winters-Bühne des frühen 19. Jahrhunderts zurück.

Die Orientierung am Original, am Historischen, wurde in dieser Zeit der Wiederbegründung des Kölner Hänneschen-Theaters zum obersten Prinzip erhoben, nicht umsonst nannte man sich selbstbewusst das »Alte Kölner Hänneschen-Theater«. Josef Niessen machte sich also ganz konkret das von seinem Bruder Carl ermittelte Wissen um die Vergangenheit des Puppenspiels und des Hänneschen-Theaters zunutze. Die Orientierung an historischen Vorbildern ging sogar so weit, dass auf dem Vorhang der Mittelbühne der Kölner Dom vor Beginn des Weiterbaus, also mit dem jahrhundertelang auf dem Turmstumpf sich befindlichen Baukran, zu sehen war – jener Dom, der noch das Köln des frühen 19. Jahrhunderts prägte, als Johann Christoph Winters in Köln mit dem Puppenspiel begann, dessen Tradition man nun ganz bewusst aufgriff. Ein weiteres Detail, das ein aufmerksamer Vergleich der in der Theaterwissenschaftlichen Sammlung überlieferten Fotografien aus den 20er und frühen 30er Jahren zutage fördert, beweist die in dieser Zeit auffällige, enge Verknüpfung von Hänneschenspiel auf der einen Seite und der theaterwissenschaftlichen Erforschung des Hänneschens auf der anderen Seite: Die Hänneschen-Bühne der Zeit unmittelbar nach der Jahrtausendausstellung im Jahre 1925 zeigte auf der Britz, die mit einem Kölner Stadtwappen dekoriert war, noch die Jahreszahlen »1800–1925«, weil man anscheinend zu dieser Zeit noch nichts Genaueres von der Gründung des Hänneschen-Theaters wusste und das Jahr 1800 als Anfangsdatum annahm. Kurze Zeit später erst erschien auf der Britz die historisch korrekte Datierung »1802–1925«. Diese Korrektur der Aufschrift belegt sehr

genau, wann Carl Niessen schließlich das Jahr 1802 als Gründungsjahr des Hänneschen-Theaters ermittelt hat und wie sein Bruder diese wissenschaftlich gewonnene Erkenntnis auf seiner Hänneschen-Wanderbühne umsetzte.

Was die Brüder Carl und Josef Niessen mit dieser Wanderbühne erreichen wollten, gelang ihnen schließlich: Die Kölner verlangten ihr Hänneschen zurück. Die wiederholten Forderungen der Niessen-Brüder an den damaligen Kölner Oberbürgermeister Konrad Adenauer trugen Früchte. Nach dem großen Erfolg des Hänneschens auf der Jahrtausendausstellung der Rheinlande war auch die Stadt Köln auf die Idee gekommen, das so erfolgreiche Hänneschen-Theater endlich als feste städtische Institution zu etablieren. Nachdem eine entsprechende Petition an den Oberbürgermeister gerichtet worden war (der, wie Briefe Adenauers in der Theaterwissenschaftlichen Sammlung beweisen, von Niessen immer auf dem Laufenden gehalten wurde, was die Bemühungen um das Hänneschen-Theater anging), sanktionierte dieser als Erster Bürger der Stadt Köln den Plan, das Hänneschen zu einer Kölner Institution zu machen. 1926 wurden so im Rubenshaus in der Sternengasse die »Städtischen Puppenspiele« gegründet, das Hänneschen-Theater war damit, über 120 Jahre nach seiner Gründung durch Johann Christoph Winters, endgültig zu einer Institution der Stadt geworden und hatte endlich einen festen Standort erhalten, von dem es 1938 in das heutige Domizil am Eisenmarkt zog.

Hänneschen auf Tour
– Das »Alte Kölner Hänneschen-Theater«

Obwohl mit der Etablierung des Hänneschens als »Städtische Puppenspiele« eigentlich das Ziel der Niessen-Brüder erreicht war, wurde die Wanderbühne des »Alten Kölner Hänneschen-Theaters« 1926 nicht aufgegeben, sondern bestand – was heute fast gänzlich in Vergessenheit geraten ist – noch bis in die 40er Jahre weiter. Man hatte sich auf eine Arbeitsteilung geeinigt, so dass beide Institutionen parallel nebeneinander existieren und sich in ihren Zielen ergänzen konnten: Während die »Puppenspiele« ausschließlich im eigenen, festen Haus spielten und die Hänneschen-Tradition innerhalb Kölns repräsentierten und fortführten, wirkte die Wandertruppe ab 1926 nur außerhalb der Stadtgrenzen und machte somit das Hänneschen auch weit über die Grenzen Kölns hinaus bekannt.

Zu den zahlreichen Gastspielen ab 1925 reiste die Truppe mit einem eigenen Wagen an, auf dem die Typenfiguren des Hänneschens aufgemalt waren. Spielorte waren Theater, Festsäle, Schulen und Turnhallen; gespielt wurde auf Einladung von Kreis- und Stadtverwaltungen, Schulen, Jugendämtern und Volksbildungsvereinen, teilweise auch in großen Kaufhäusern wie etwa verschiedenen Niederlassungen des Kaufhauses »Tietz«. Man gab zwei oder drei Vorstellungen pro Tag, eineinhalbstündige Kindervorstellungen am Nachmittag, zweieinhalbstündige Abendvorstellungen für Erwachsene. Vor jeder Aufführung richtete Josef Niessen einige einleitende Worte an das Publikum.

Traditionelle Sprache des Hänneschen-Theaters (mit Ausnahme der Standespersonen) war reines Kölsch. In Gegenden außerhalb des Rheinlandes jedoch, wo der Dialekt kaum verstanden worden wäre, musste der Dialekt der rein Kölsch sprechenden Figuren entsprechend abgeschwächt werden (eine Entwicklung, die im Bereich des Kölner Volkstheaters ganz ähnlich bei der Millowitsch-Bühne zu verzeichnen ist, die spätestens seit der Fernsehpräsenz ihre Stücke nicht mehr in reinem Kölsch, sondern nur in einem abgeschwächten »Rheinisch« spielen konnte). Die in der »Theaterwissenschaftlichen Sammlung« nahezu komplett überlieferte Korrespondenz dieses Hänneschen-Tourneetheaters, das ab 1925 bis in die frühen 40er Jahre agierte, zeugt von wahren Triumphzügen der Gastspielreisen. Allerorten schien das »Alte Kölner Hänneschen-Theater« mit großer Begeisterung aufgenommen worden zu sein. Unzählige Zeitungsartikel aus den unterschiedlichsten Städten und Landkreisen belegen diese großen Erfolge der Truppe Josef Niessens. Ab 1929 konnte als Werbung für das Hänneschen-Theater sogar ein Erlass des preußischen Ministers für Wissenschaft, Kunst und Volksbildung eingesetzt werden, der auf die Bedeutung des »Alten Kölner Hänneschen-Theaters« hinweist und eine Einladung des Ensembles gerade für die Schulen empfiehlt. Der Erlass gab dem Hänneschen-Theater, das für kurze Zeit sogar ein festes Gebäude auf der »Gesolei« in Düsseldorf bezog, nochmals neuen Aufschwung.

Josef Niessen, immer wieder als »Hänneschenvater« gerühmt, verstarb im Jahr 1933. Der nazitreue Philipp Vogel, zuvor Leiter der Bonner Ortsgruppe des

»Bühnenvolksbundes«, übernahm nach dessen Tod die Leitung und Organisation des Hänneschen-Theaters als Gastspieltruppe. Er organisierte auch in der Zeit des Nationalsozialismus weitere Tourneen innerhalb und außerhalb Deutschlands. Ab 1933 bis in die 40er Jahre hinein war das »Alte Kölner Hänneschen-Theater« im Auftrag der NS-Kulturorganisation »Kraft durch Freude« in ganz Deutschland unterwegs und gab, transportiert auf einem KDF-Urlaubsdampfer, sogar ein Gastspiel auf den Kanarischen Inseln.[2]

Während die Gastspieltruppe in der Zeit des Dritten Reichs konsequent an den Stücken des 19. Jahrhunderts festhielt und im Rahmen der nationalsozialistischen Vorstellungen von »Blut und Boden« als Wahrerin »völkischer Tradition« gefeiert wurde, ließen sich die »Städtischen Puppenspiele« in noch viel stärkerem Umfang in den Dienst der neuen Machthaber stellen. Nicht allein die Tatsache, dass das Haus 1938 ausgerechnet in den fertig sanierten Altstadtbereich umgesiedelt wurde, den die Nazis ganz gezielt als mittelalterliche »gute Stube« Kölns herrichteten, spricht in diesem Zusammenhang Bände. Insbesondere die Inhalte der Stücke waren es, die belegen, in welchem Maße die »Städtischen Puppenspiele« für propagandistische Zwecke und ideologische Ziele instrumentalisiert wurden. Neben militaristischen Stücken wie »Löstig eß et Zaldatelevve« von Wilhelm Reinartz, in dem die Knollendorfer lernen, im Gleichschritt zu marschieren, und ins Manöver ziehen,[3] waren es besonders die antisemitischen Stücke Ende der dreißiger Jahre, die zum dunkelsten Kapitel in der Geschichte des Hänneschens gehören. In ihnen wurden jüdische Mitbürger als Bösewichter und Halsabschneider verunglimpft und mit den gleichen Mitteln, die auch im NS-Kino Anwendung fanden, als »rassisch minderwertig«, hinterhältig und betrügerisch denunziert. Ein Beispiel unter vielen ist hier etwa Hans Schumachers Stück »Die gestolle Kaiserkett« um den betrügerischen Juden Itzig, der Schäl dazu erpresst, ein wertvolles Geschmeide für ihn zu stehlen, bis er von Hänneschen seiner gerechten Strafe zugeführt wird.[4] Solche Stücke, mit denen man damals in den Abendvorstellungen ebenso wie in den Nachmittagsvorstellungen für Kinder im Sinne der Nazis Stimmung machte, wurden nach 1945 aus Bequemlichkeitsgründen konsequent totgeschwiegen, um so unbedarft an die alten Hänneschen-Traditionen anknüpfen zu können. Da bis heute weitgehend vermieden wurde, auf die Hänneschenstücke des Dritten Reichs einzugehen, handelt es sich bei der Nazi-Vergangenheit der »Städti-

schen Puppenspiele« um ein bis in die jüngste Zeit gut gehütetes Geheimnis der kölnischen Stadtgeschichte, um einen Teil der versteckten Vergangenheit dieser Stadt.[5]

Das Hänneschen und die Theaterwissenschaft nach 1945

Bis zu seinem Tod 1969 war es Carl Niessen, der sich auch in der Zeit nach 1945 für die Geschicke des Hänneschens einsetzte und einen Neuanfang der Bühne in den Trümmern Kölns ermöglichte. Nachdem das Gebäude am Eisenmarkt durch einen Bombentreffer zerstört worden war, konnte das Hänneschen-Theater auf Niessens Vermittlung hin 1948 (das Gebäude am Eisenmarkt war erst 1951 wieder bezugsfertig) provisorisch wieder seine Pforten öffnen. Spielstätte war der Hörsaal I der Kölner Universität, die Bühne nannte sich »Universitäts-Hänneschen-Bühne«.

Niessen galt auch in der Nachkriegszeit unbestritten als der beste Kenner der Stockpuppen- und insbesondere der Hänneschen-Materie. Noch 1968, ein Jahr vor seinem Tod, war er maßgeblich an der Ausstellung »Zur Geschichte der Kölner Puppenbühnen« beteiligt. Nach Niessens Tod riss der Kontakt zwischen dem Hänneschen und der Kölner Theaterwissenschaft zwar nie ganz ab, war aber, weil das starke persönliche Engagement des Hänneschen-Forschers fehlte, merklich abgekühlt. Dies sollte sich erst wieder anlässlich der Feierlichkeiten zum 200-jährigen Bestehen der Hänneschen-Bühne ändern.

Ein Forschungsprojekt im Vorfeld des Jubiläums

Im Vorfeld des Jubiläumsjahres 2002 gab es eine weitere fruchtbare Begegnung zwischen dem Hänneschen und der Kölner Theaterwissenschaft. Der »Förderverein der Freunde des Kölner Hänneschen-Theaters e.V.« finanzierte in den Jahren 1998 und 1999 ein Forschungsprojekt, in dessen Rahmen erstmals alle noch erhaltenen Materialien zur Hänneschen-Geschichte in offiziellen Kölner Archiven recherchiert und wissenschaftlich erfasst wurden. Die entstandene Datenbank, die sich auf die Bestände der »Theaterwissenschaftlichen Sammlung der Universität zu Köln«, des »Kölnischen Stadtmuseums« sowie des

»Historischen Archivs der Stadt Köln« bezieht und über zweitausend Objekte umfasst, erlaubt es, die 200-jährige Geschichte des Kölner Hänneschen näher unter die Lupe zu nehmen. Zusammen mit dem Archiv der Stücktexte, das sich bis heute im Hänneschen-Theater selbst befindet und das 1988 durch den Theaterwissenschaftler Hans-Peter Beyenburg aufgearbeitet wurde, sind die Dokumente so für jeden, der sich eingehender mit der Geschichte des Kölner Hänneschen beschäftigen will, zugänglich.[6]

Das Forschungsprojekt ist das jüngste Produkt einer nunmehr bereits 80-jährigen Tradition, die das Kölner Hänneschen mit der Kölner Theaterwissenschaftsforschung verbindet. Die Beziehungen des Hänneschens zur Kölner Universität sind dagegen sogar noch älter. Als die Universität in Zeiten der französischen Besatzung der Stadt geschlossen war, war es niemand anderes als das Hänneschen, das dieses akute und damals in Köln viel diskutierte Thema »op et Tapet« brachte. Während die Zeitungen es sich aufgrund der Zensurbestimmungen nicht erlauben konnten, von den französischen Besatzern die Wiedereröffnung der Universität einzuklagen, forderte das Hänneschen – quasi stellvertretend für die und im Einklang mit der Kölner Bürgerschaft – abends auf der Bühne, in Köln wieder akademische Bildung erlangen zu können: Das Hänneschen wollte aus Trotz seinen Doktor machen, auch dies ein Beispiel für die vielfältigen, auf den ersten Blick oftmals kaum zu erwartenden und teils auch überraschenden Verflechtungen zwischen dem Kölner Hänneschen und der Kölner Universität.

Anmerkungen

1   *Vgl. hier auch die Ausführungen und Fotos in Kapitel 1, S. 16*

2   *Vgl. Carl Niessen: Zur Geschichte kölnischer Puppenbühnen. Im gleichnahmigen Ausstellungskatalog. Köln 1952.*

3   *Theaterwissenschaftliche Sammlung, TWS-STN-REIN-10-1.*

4   *Theaterwissenschaftliche Sammlung, TWS-STN-SCHU-10-2.*

5   *Vgl. Carl Dietmar: Kölner Mythen oder Wie Legenden entstehen. Ein Beitrag zum kollektiven Selbstverständnis einer Stadt. Köln 1999, S. 96-100.*

6   *Die Datenbank, die sowohl alle noch erhaltenen Stockpuppen (über 200 aus dem 19. und 20. Jahrhundert) und Requisiten, aber auch Fotografien und Stücktexte (über 880 Stücktexte, die meisten davon aus der Feder des Hänneschen-Gründers Johann Christoph Winters), Plakate und Theaterzettel erfasst, liegt in Form eines Bestandsverzeichnisses und einer CD-Rom für den internen Gebrauch vor.*

Drittes Kapitel

3

Faszination Hänneschen
– Jahrhundertgeschenk

Theater – die etwas andere Realität

Menschen können nicht »auf Probe« leben – es sei denn, sie spielen. Im Spiel können wir so tun »als ob«, wir können die Zeit anhalten und beschleunigen. Kleine dürfen schon mal groß, Große noch mal klein sein. Wir halten Lebensszenen fest, wiederholen sie oder spielen sie voraus. Das Spiel auf der Bühne ermöglicht uns eine Begegnung mit der Wirklichkeit ohne die sonst so unerbittlichen Wenn-Dann-Folgen. Weil wir uns nicht vor der Realität verantworten müssen, dürfen wir im Spiel unsere Fantasien und Sehnsüchte von der Leine der Disziplin und Verantwortung lösen.

Sehnsüchte sind individuell. Doch manche werden auch kollektiv empfunden. Sie werden zum Charakteristikum einer Gruppe und ihrer Region. Sie etablieren sich als deren Mentalität. Wenn sie den Zeitgeist überdauern, sich an Sprache und Lieder binden, wenn sie Typen kreieren und Rituale pflegen, dann werden sie zu Kultur. Als Volkskultur sind sie die Basis eines großen Wir-Gefühls.

Werbestrategen und Imageberater suchen heute solche Profile für Regionen, Produkte oder Politik aus Gründen der Vermarktung. Doch selbst mit Milliardenbeträgen lassen sich diese nur höchst begrenzt »herstellen«. Auch ein Jahrhundertschlager kann nicht »gemacht«, kann nicht erkauft werden. Er bleibt – bei aller Kunstfertigkeit – stets ein Geschenk. Unendlich viele Botschaften verzahnen sich dann zwischen Sender und Empfänger.

Wolfgang Oelsner

Kommunikationswissenschaftler können zwar klug alle »Parameter eines interaktiven Events« benennen, aber sie können den Erfolg beim Publikum nicht konstruieren. Der ist ein Geschenk – aus und für »Volkes Bauch«.

Das kölsche Hänneschen ist solch ein Jahrhundertgeschenk. Es gibt den Sehnsüchten einer Stadt eine identitätsstiftende Bühne. Sein Theater wird zur Lebenskulisse für unser immerwährendes »Ach, wäre ich …!«, »Ach, könnten wir …!« bis hin zum idealisierenden: »So sind wir.«

Kölsche Sehnsüchte

Welche Sehnsüchte haben die Kölner? Streben sie nach Herrschertum und Ruhm? Wollen sie König oder Chef spielen? Wer will das nicht? Doch das Glück macht sich in dieser Stadt nicht an solchen Rollen fest. Die Ehrenbürgerschaft wird zwar auch hier – wie überall – mit Verdiensten um Kultur, Wirtschaft, Politik oder Soziales begründet. Doch das Sahnehäubchen der Laudatio auf eine verdiente Persönlichkeit ist erst die Feststellung, 'ne kölsche Jung zu sein. Man stelle sich vor, ein erlauchtes Mitglied der hanseatischen Bürgerschaft oder ein betuchter Beau der Münchener Schickeria würde öffentlich als Jung, als Bub angeredet. Undenkbar!

In Köln ist die Etikette anders. Kein Gericht würde hier eine Beleidigungsklage verhandeln, sollte der Universitätsprofessor von der Marktfrau mit »Wie es et, Jung?« begrüßt worden sein. Was anderswo als Respektlosigkeit aufgenommen würde, gilt hier als Sympathiebekundung. Ein Lebensresümee kann nicht runder bekundet werden als im gesungenen »Ich bin 'ne kölsche Jung, wat wellste mache?« (So hat dieses Lied inzwischen das »Ave verum« auf der Wunschliste in Kölner Trauerhallen eingeholt. Auch wenn der Verstorbene über neunzig wurde.)

Die Kölner definieren ihr Ich-Ideal bevorzugt mit der jugendlichen, ja kindlichen Rolle. »Die Kölner kommen nicht über die Pubertät hinaus«, spotten Auswärtige. »Da wollen wir auch gar nicht erst rein«, lächeln diese verschmitzt zurück. Sie wissen um die Stärke ihres vermeintlichen Nichterwachsenwerdens. Es zwingt sie nicht zu Gestelztheiten der Etikette, nicht zu akademischen Verrenkungen, nicht zu unterwürfigen Demutshaltungen. Es lässt ihnen ihre Nische und Spielwiese und hindert sie dennoch nicht, knallharte Geschäfte zu

Kinder zeigen ihre Begeisterung fürs Hänneschen in selbst gemalten Bildern.

machen. Diese Rolle strengt sie nicht an, sie müssen sie sich nicht ertrotzen. Sie finden sie in der Stadt vorgelebt, von der Tradition ausgeformt. Ihr Protagonist ist in allen Winkeln der Stadt so präsent, wie es eine fiktive Figur nur sein kann: et kölsch Hännesche.

Hänneschen vereint auf sich all die Züge, nach denen wir uns immer mehr sehnen, je erwachsener wir werden: Es ist pfiffig und dynamisch, respekt-, aber nicht skrupellos. Es ist unerschrocken und mutig, aber kein Rambo. Es ist der knuffige Strahlemanntraum aller Schwiegermütter und der Gewinnertyp bei den Mädchen, aber kein Macho. Es kommt – wie gesagt – über die Pubertät nicht hinaus, überspringt sie allenfalls gelegentlich, ohne aber psycho-sexuell zum Mann zu reifen. Hänneschen bleibt ein Es, wird kein Johannes, kein Er. Das hat es mit dem Kasperle gemeinsam. Dessen Rolle als munterer Held besetzt es auch im kölschen Stockpuppentheater. Doch welch ein Unterschied!

Während Kasperle ein Allerortskasperle ist, das heute auf dieser, morgen auf jener Jahrmarktbühne tanzt, ist Hänneschen in Köln, und nur hier, ansässig. Abgesehen von seiner Wanderbühnenzeit und gelegentlichen Sondereinladungen geht es nicht auf Tournee. Es lebt, fühlt, denkt ausschließlich auf seiner Knollendorfer Scholle – und interpretiert dort Gott und die Welt.

Es ist das Jahrhundertgeschenk Johann Christoph Winters', die Facetten unseres Zusammenlebens im Knollendorfer Mikrokosmos verdichtet zu haben. Er gab unseren Befindlichkeiten Gesichter und Namen. Und es ist die Wachheit einer Subkultur, dass die Kölner dies als Geschenk erkannt und angenommen haben.

Puppen-Psychologie

Schon die Figuren des Kasperletheaters sind mit Tod und Teufel, Großmutter und Gretel, Krokodil und Polizist praktische Psychologie pur; sie sind Schöpfungen, die ihres exemplarischen Charakters wegen überall verstanden werden. Winters setzt noch einen drauf, indem er sich topografisch festlegt, Anker wirft für unsere Identifikationswünsche. Er verwurzelt seine Typen in der Stadt, sie personifizieren deren Charakter, geben auch ihr eine Stimme. Das ist so vielschichtig, dass es mit einer Figur allein gar nicht gezeich-

Den ersten Kontakt mit dem Hänneschen bekommen Kinder nicht selten bei Besuchen mit der ganzen Schulklasse. Das war schon vor 50 Jahren so.

net werden kann. Winters gesellt dem Hänneschen eine ganze Sippe bei. Jedes ihrer Mitglieder hat das Zeug zur kölschen Volksfigur. Winters' Theater gleicht darin weniger der Kasperlebühne, wo alles auf den Lustigmacher zugeschnitten ist, als eher der typenreichen Commedia dell'Arte. (Zeigt Köln sich wieder mal als nördlichste Stadt Italiens?)

Den Charakter der Stadt prägt die Tatsache, dass sie seit 1288 nie mehr Residenzstadt war. In Köln gibt es weder Schloss noch Schlossallee, somit keinen Hofstaat. Mit »denen da oben« müssen sich die Kölner nicht abplagen. Ihren Fürstbischof jagten sie bereits vor über 700 Jahren aus der Stadt. Seit mehr als 600 Jahren besitzen sie mit dem »Verbundbrief« eine der frühesten europäischen Bürgerverfassungen. Zwar hat das mit Demokratie im heutigen Sinne noch nicht allzu viel zu tun, doch einem scharfen »Klassenkampf« zwischen oben und unten nimmt es die Spitze. Es fehlt ein Feindbild. Davon aber lebt das Puppenspiel. Das Theater der einfachen Leute und der Kinder braucht die Schwarz-Weiß-Polarisierung.

Winters weicht – ebenso genial wie sicherlich unbewusst – auf ein anderes Feld aus. Da die Stadt für soziologische Grabenkämpfe keinen Hintergrund abgibt, wird Winters psychologisch. Statt Verteilungskämpfe zwischen Armen und Reichen, zwischen Mächtigen und Ohnmächtigen inszeniert er ein Psychogramm menschlichen Miteinanders. Er setzt Figuren ein, die die Stärken und Schwächen der zu Städtern gewordenen Dorfgemeinschaft vorführen. Verschlüsselt zielt das auch auf unseren persönlichen Weg vom Kind zum Erwachsenen, vom Trieb- zum Kulturmenschen, vom Bauch- zum Kopfmenschen.

Mag der Dreh ins Psychologische auch von der Angst vor der Zensur mitgeprägt sein (politische Freiheit genießt auch das Hänneschen erst während des letzten Viertels seines Bestehens), so gelingt Winters mit seinen Figuren doch eine treffende lokale Typenkunde, für die die Psychologie erst hundert Jahre später Begriffe finden soll.

Tünnes und Schäl – Zwei Seelen in einer Brust

Nehmen wir Tünnes und Schäl. In Kleidung und Sprache täuschen sie zwar einen Standesunterschied vor, verkörpern damit aber lediglich die »ach! Zwei

Seelen in unserer Brust«. Letztlich sind sie – nicht nur wortwörtlich – aus gleichem Holz geschnitzt.

Schäl mimt mit Cut, Melone und Fliege den bildungsbürgerlichen Städter. Doch er outet sich dabei als Aufschneider und Intrigant. Tünnes hingegen wäre als ländlicher Kaltblüter schon längst zur gutmütigen Kartoffel mutiert, provozierte nicht Schäl ständig seine bäuerliche Schlagfertigkeit. Die Spannung zwischen Bodenhaftung hier und dem schnellen Kick dort ist ein Grundkonflikt unserer Entwicklung. Das Hänneschen-Theater personifiziert ihn mit Typen. Sie spielen ihn vor dem Hintergrund des Umbruchs von der freien Reichsstadt zur Rheinprovinzmetropole ebenso wie in Zeiten der »global players«. In dieser zeitüberdauernden archetypischen Profilgebung liegt die Faszination der Figuren, ihres Schöpfers und der nachfolgenden kreativen Weiterentwickler.

Konflikte nur darzustellen ist auf Dauer nicht faszinierend. Dazu braucht es schon den Brückenschlag zur Lösung. Wie können wir also unsere menschliche Spannweite aushalten? Die Zauberformel heißt Integration unserer Vielschichtigkeit. Es geht um die Aussöhnung mit den vielseitigen, widerstrebenden Seiten in uns.

In bester Manier der Volksbühne wird dies an verschiedene Typen delegiert. Jede steht überzeichnend für einen Charakterzug, den wir an uns kennen. Und so müssen Tünnes und Schäl frotzelnd übereinander herfallen, bis sie immer wieder neu entdecken, dass sie nur gemeinsam stark sind. Kölner sind erst dann gut auszuhalten, wenn Tünnes- und Schäl-Anteile gut in ihnen verteilt sind.

Kölsche Selbsterkenntnis

Die Winters'sche Puppenbühne stößt damit eine neue Dimension auf. Obwohl sie selbst aus der sozialen Not ihres Begründers geboren wird, geht es nicht mehr allein um den klassischen Ständekonflikt von oben und unten. Auch nicht mehr allein um archaische Ängste, etwa wenn das Kasperle gegen den Tod kämpft. Nun kommen mit dem Nachbar, mit dem Sippenverwandten die Facetten des eigenen Ichs auf die Bühne. Sie erhalten Namen. Tünnes und Schäl heißen sie, gemeint sind aber der Bauer und der Städter in uns, der Loss-Mich-Jon und der Ehrgeizling, der Gutmütige und das Schlitzohr. Sage keiner, solch

Hier dürfen und sollen sie wie Kinder sein:
Puppenspieler Walter Oepen, Heinz Becker,
Jacky von Guretzky-Cornitz, Uschi Hans-
mann und Renate Vesen.

*Hänneschen und Co. ganz nah
– auf jeder Hänneschen-Kirmes.*

polarisierende Wesenszüge seien standesgebunden. Tünnes und Schäl stecken in den schlichtesten wie in den akademischsten Kreisen. Von Anfang an hatten und haben neben den Kindern und unteren Schichten stets auch die Geistesgrößen der Stadt sich fürs Hänneschen erwärmt. Schon Kölns kultureller Übervater des frühen 19. Jahrhunderts, der Universitätsrektor Ferdinand Franz Wallraf, schrieb dem neu gegründeten Theater Mundartverse; Bildungsbürger wie Mathias Joseph DeNoël machten sich einen Spaß daraus, hochgestochene Literatur für die Puppenbühne einzukölschen. Unter dem Titel »Hänneschen auf 'm Kirchhof – in Meditation versunken« parodierte er beispielsweise die Totengräberszene aus Shakespeares »Hamlet«.

In unseren Tagen wiederholte sich solch akademisches Possenspiel, als ein großer Psychiatrie-Kongress in Köln nicht vom professoralen Rektorat eröffnet wurde, sondern Hänneschen und Bärbelchen eine kesse Begrüßungsszene hinlegten. Ein ganzer Berufsstand ironisierte sich selbst, als er Bärbelchen fragen ließ, warum es denn so wissenschaftlicher Bezeichnungen bedürfe, um menschliche Charaktere zu benennen. Statt von einer »bipolaren Persönlichkeit« oder von einem »Kompensationsneurotiker« zu reden, reiche es doch, auf den Schäl zu verweisen. Und was eine »manifeste Suchtstruktur« bedeute, sei mit Tünnes' roter Knollnase doch plastisch genug ausgedrückt. Womöglich müsse man sich heute noch um Hänneschen als »Hyperaktiven« sorgen. Auch die zänkische Mariezebell und der ruhebedürftige Besteva fänden sich im psychiatrischen Diagnoseglossar wieder. Vom mehrfachbehinderten Speimanes ganz zu schweigen.

In der Überzeichnung dienen die Puppenfiguren als Projektionsfläche unserer Ängste um die eigenen Unzulänglichkeiten und unserer Sehnsucht, damit selbstbehauptend umzugehen. Die Umschlossenheit des Ortes Knollendorf schafft dazu die nötige Nestwärme. Hier wird man in und auf den Arm genommen. So winzig er ist, integriert er doch eine große menschliche Spannbreite. Genauso wie das klassische Bühnenbild im Hänneschen-Theater die Schäl- und Tünnes-Seite verbindet: links die Häuser der Stadt, in denen Schäl und der Polizist Schnäuzerkowski wohnen, rechts die eher bäuerliche Behausungen für die übrige Schwitt.

Wer im Spannungsfeld dieser Kulisse groß wird, erspart sich später teure Psychoseminare. Was Seelenprofis als Konfliktstrategie preisen, erlernt man in der Knollendorfer Szene zum Nulltarif. Das reicht, um sowohl als rheinische Gemütsnatur als auch als erfolgreicher Geschäftsmensch zu bestehen. Die Theaterwelt inszeniert die Lernanlässe immer wieder neu. Hier darf das Leben mal auf Probe geübt werden.

Ich mööch su jän noch ens Kind sin

Zu den großen Sehnsüchten des Kulturbürgers gehört das stete Wiederheraufbeschwören der Kindheit. In der Regel geschieht das chiffriert. Da mag ein »Klub der Präriefreunde« ethnisches Interesse herausstellen – ohne die Aussicht auf ein Lagerfeuer wäre deren Motiv sehr dünn. Da mag ein Tempelritterorden hehre sozialreligiöse Absichten in seiner Satzung verfolgen – ohne die Aushändigung eines blinkenden Schwerts fehlte die jugendliche Sinnenfreude. Andere kompensieren ihre Spielsehnsucht in der Gesellschaft der Eisenbahnfreunde. Naturschützer legen vielleicht noch mal Staudämme für Biber an. Immer befriedigen die allemal ehrenwerten Betätigungen auch Leidenschaften, die wir aus der Kinderzeit mit herübergebracht haben und vielleicht zu früh ablegen mussten.

In Köln führen die Wege der Erwachsenen unverstellt ins Kinderglück. Die Eintrittskarte zu den harten Bänken am Eisenmarkt berechtigt auch zur Sehnsuchtsfahrt in einstige Denk- und Verhaltensweisen. Wichtiges Signal dafür ist der Prolog des jugendlichen Sympathieträgers vor dem Vorhang. Mit den Mitmachreimen aus der Jugendzeit stellt Hänneschen die Weichen für die – wie Psychologen sagen würden – »kollektive Regression«. Wer jetzt noch verspätet ins Theater stößt, wird aus der Bankreihe nicht mit »Bitte sehr, meine Dame« begrüßt. Nun heißt es »Kumm Mädche, setz dich!«

    Spätestens jetzt muss aufgegriffen werden, woran emanzipationsbewusste Leserinnen schon lange Anstoß genommen haben dürften: Die bisherigen Aussagen gelten selbstverständlich für beide Geschlechter (wenngleich die Herren die regressive Erholung nötiger zu haben scheinen). Kölsche sehen das mit dem »großen I« ohnehin nicht so eng. Hier trällern beide Geschlechter sowohl das

Bekenntnis zum kölschen Jung wie zu den kölschen Mädcher, die Spetzebötzcher an han. Hauptsache noch nicht erwachsen, den Freiraum der Vorpubertät nutzen!

Vaterlosigkeit als Chance und Lücke

Kindliche Positionen und jugendliches Ungestüm werden irgendwann gedeckelt. Sie stoßen auf eine Vaterfigur, die Grenzen aufzeigt. Dann ist Schluss mit lustig, und die Maßstäbe werden wieder so zurechtgerückt, wie das in der Gesellschaftshierarchie üblich ist. Insofern eignen sich jugendliche Vorwitznasen schlecht als Ideal für eine ganze Stadt.

In Köln ist das anders. Hänneschen konnte durch zwei Jahrhunderte hindurch Identifikationsfigur bleiben, weil die Stadt keine Vaterfigur hat. Wer hätte die hier einnehmen sollen? Einen König hat es nie gegeben, den Fürstbischof hatte man – wie gesagt – vertrieben. Willy Millowitsch wurde zwar als das männliche Pendant zur Mutter Colonia verehrt, doch eine Vaterfigur war er nicht. Hä wor d'r leeve Jung. Bleibt noch der Dom. Doch der ist stumm und duldet vieles.

Am Vaterkonflikt reibt man sich nicht nur, man wächst auch mit ihm. Über ihn werden Positionen und Standfestigkeit entwickelt. Hier fehlt den Kölnern zwangsläufig etwas. Das erhöht ihre Verführbarkeit. Kindlichen Positionen haftet zwar Spontanes, Tolerantes, ja auch Aufmüpfiges an, doch flapsiger Ungehorsam ist noch kein Widerstand, freundliche Beliebigkeit ist noch nicht Liberalität. Wer ohne Vater aufwächst, kann von ihm weder beschützt noch gestärkt werden. So ein Hänneschen läuft dann mitunter vielen Fahnen nach. Tünnes und Besteva haben jedenfalls nicht die Autorität, vor Fehltritten – wie geschehen auch schon mal ins braune Lager – zu mahnen.

Oft erscheint es eher so, dass die Jüngsten, Hänneschen und Bärbelchen, den Knollendorfern Richtung und Moral vorgeben. Statt Erziehung scheint Selbsterziehung angesagt. Das fördert ungemein das jugendliche Selbstbewusstsein innerhalb des Großfamilien-Clans. Doch ob das außerhalb so tragfähig ist? Die pfiffigen Neffen von Donald Duck teilen das gleiche Schicksal. Innerhalb Entenhausens sind sie die jugendlichen Helden. Aber viel weiter sollten sie sich

auch nicht fortwagen. Das Selbstbewusstsein der Elternlosen ist oft ein situativ und lokal begrenztes. Dort aber unschlagbar.

Ohne Vaterkonflikt wird man kein Revoluzzer. Hänneschen und Co. sind es nie geworden. Sie sticheln zwar oft und gern gegen die Mächtigen, doch der Umsturz ist nicht ihr Ding. Die Kölsche-Jung-Mentalität (»nä, ich bin brav«) sicherte ihnen das Überleben vor der Zensur. Heute sind Hänneschens Knuze allerdings politischer, als sie zunächst wirken. Aus kindlicher Position nimmt es sich mitunter Freiheiten heraus, die in der Wirklichkeit vom Mantel der »Political Correctness« zugedeckt werden. Es scheut keine Tabuthemen. Die Knollendorfer entlarven so manchen Gut-Mensch-Verzäll als Scheinheiligkeit. So zogen sie nach der deutschen Wiedervereinigung Ossis durch den Kakao und erdreisteten sich, gegen Ausländer zu frotzeln, als die öffentlich verordnete »Mein Freund ist Ausländer«-Welle hoch schwappte. Aber jeder spürte, dass das keine Witze gegen Sachsen oder Türken waren. Da wurden menschliche Schwächen hochgenommen. Und die haben ja wohl nicht immer nur die Düsseldorfer. Der lausbübische Witz grenzt nicht aus. Er hat etwas ungemein Integrierendes.

Kinder sind heute vermutlich sozial weiterentwickelt als in früheren Zeiten. (Das heißt nicht, dass sie disziplinierter wären.) Sie wissen um Zusammenhänge des Miteinanderlebens und wollen verstehen, aus welchen Motiven heraus Menschen handeln. Sie haben ein Umweltbewusstsein und einen Gerechtigkeitssinn. Und sie lernen, dass Konflikte nicht mit Gewalt gelöst werden müssen. Manches Schulhoferlebnis lässt daran zwar schon mal Zweifel aufkommen, doch festzustellen ist, dass die Puppenbühne gerade in den Kindervorstellungen mit wesentlich weniger Prügelszenen auskommt, als das von den Stücken vorangegangener Generationen berichtet wird. Hänneschen kann diese Sparte inzwischen getrost diversen Privatfernsehsendern überlassen. Es scheint, als habe es sich da mit den neuen Jahrgängen weiterentwickelt.

Vielleicht lebt im Hänneschen-Theater die versteckte kölsche Umsetzung der Bergpredigt: »Wenn ihr nicht werdet wie die Kinder ...« Unsere Sehnsucht gilt dabei nicht dem Kindischen. Sie gilt einer Lebensordnung in Gerechtigkeit. Nicht im Sinne der Advokaten, sondern im Sinne des gesunden Menschenverstandes. Dass wir uns wie die Kinder freuen dürfen, wenn das Gute siegt. Im Hänneschen-Theater immer.

Viertes Kapitel

*Die Wehrgasse in Richtung Große Neugasse. Die Laterne auf der linken
Seite markiert die Haus-Nr. 4, Winters Spielort*

4

»He wed Hännesche gespillt!«
– Die Spielstätten des »kölschen National-Theaters«

Als der Schneidergeselle Johann Christoph Winters sich nach seinen Wander-
jahren um 1800 in Köln niederlässt, befindet sich die Stadt bereits sechs Jahre
unter französischer Herrschaft. Das kostet Geld – Köln stöhnt unter der Last
der Truppenverpflegung und der Kontributionen an die napoleonische Kriegs-
kasse. Die Bürger sind zwar gleich, aber arm.

    Auch Winters ist ein armer Schlucker. In seinem erlernten Beruf kann er in
dieser Krisenzeit nicht Fuß fassen, deshalb versucht er sich als Anstreicher – eine Tagelöhner-Tätigkeit, die er im Winter nicht ausüben kann, weil das damals
gebräuchliche Farbmaterial bei weniger Tageslicht und höherer Feuchtigkeit
nicht ausreichend Zeit zum Trocknen hat. So muss Winters sich für die kalte
Jahreszeit etwas anderes suchen, um seine junge Familie zu ernähren. Er ist seit
zwei Jahren mit Elisabeth geb. Thierry verheiratet, das erste Kind ist gerade geboren, bis 1813 sollen es sechs werden. Drei davon sterben in den ersten beiden
Lebensjahren, nicht zuletzt wegen der materiellen Not. Da Winters über künstlerische Begabung verfügt und auf seiner Gesellen-Wanderung in Flandern, einer traditionellen Hochburg des Puppenspiels, seine Begeisterung für diese
Kunstform entdeckt hat, beschließt er, sich als Puppenspieler zu versuchen. Er
mietet sich 1802 beim Branntweinbrenner Broich in der Lintgasse Nr. 18 ein, einem Eckhaus an einem Seitengässchen, das bei der Altstadtsanierung 1938 zu-
gebaut werden sollte.

Walter Oepen

Das Haus in der Mitte ist die »Ritterzunft«. Auf dem Himmelreich Nr. 5, Winters zweiter Spielort

Aber so einfach war der Start in den neuen Beruf nicht. Von Anfang an musste Winters sich gegen Konkurrenten durchsetzen, so gegen den Buchdrucker-Gesellen Nicolaus Hofmann aus der Stolkgasse (später am Heumarkt, 1812 am Neumarkt) und gegen Joseph Spiegel, der Auf der Aar Nr. 4 ansässig war. Matthias DeNoël verfasste zum Karneval 1808 eine »Jocosa descriptio« (Beschreibung der Vergnügungen), in der über die Qualitäten der beiden Konkurrenten in der Lintgasse und Auf der Aar kontrovers diskutiert wurde. Auch Ferdinand Franz Wallrafs 1811 für das Hänneschen geschriebener »Epilog« erwähnt: »*Und Henneschen (…) debutirt auf der Aar, und Linckgasseneck*«.

Ernst Weyden in seinen Sittenbildern »Köln am Rhein vor 50 Jahren« (gemeint ist 1812) erinnerte sich: »*Rivalin der Krep in der Lintgasse war die auf der Ahr, welche übrigens in nicht so klassischem Rufe stand wie jene.*« »Krep« oder »Kreppche« war eine noch lange Zeit gebräuchliche volkstümliche Bezeichnung für das Hänneschen, obwohl es sich bereits vom historischen Vorläufer Krippenspiel entfernt hatte.

Die gewerbliche Ausübung des Puppenspiels ist zu Winters' Anfangszeit nicht ohne behördliche Genehmigung möglich, und so richtet er am 30.11.1803 ein Gesuch an den »Bürger Maire«, wie der Bürgermeister im Zeichen der Gleichheit heißt, und bittet untertänigst, »ihm Erlaubnis zu erteilen, in der Ritterzunft ein sogenanntes Krippenspiel für kleine Kinder anzustellen«. Er ist nun in das Viertel südöstlich des Heumarkts umgezogen, in die parallel zum Platz verlaufende Straße »Auf dem Himmelreich«, die zum Teil von prächtigen Kaufmannshäusern gesäumt ist. Die »Ritterzunft« ist das ehemalige Haus der Kaufmanns-Gaffel »Himmelreich«, die wie alle Monopol-Organisationen der Handwerker und Kaufleute von der Besatzungsmacht aufgelöst worden ist. Es hat, seit die Franzosen alle Kölner Häuser laufend durchnummeriert haben, die Nummer 1199, später bei den Preußen die Nummer 5.

Während Puppenspieler im 18. Jahrhundert noch zum »fahrenden Volk« gehörten, wurden sie nun zunehmend sesshaft – so wie Winters in Köln. Diese Sesshaftigkeit war eine nicht zu unterschätzende Voraussetzung für seinen Erfolg, denn die spezielle Hänneschen-Komik konnte nur in dauerhafter Wechselwirkung mit einer vertrauten Zuhörerschaft entwickelt werden.

Wenn wir von Sesshaftigkeit sprechen, dann ist dies zu relativieren; sie ist nicht vergleichbar mit dem heutigen Zustand, in dem das Theater nun schon seit fünfzig Jahren mit einer kleinen Unterbrechung am Eisenmarkt residiert. Winters brachte es in sechzig Jahren auf nicht weniger als zehn überlieferte Spielstätten, meist in umgewidmeten Pferdeställen oder Lagerräumen. Eine »Dunkelziffer« ist nicht auszuschließen. Über die Gründe dafür kann man nur spekulieren; Max-Leo Schwering stellt in seinem 1982 erschienenen Buch »Das Kölner Hänneschen-Theater« Mietrückstände, Raumnot, Beschwerden der Nachbarschaft, Streit mit Vermietern oder einfach die Lust am Vagabundieren zur Auswahl. Jedenfalls sind die Spielstätten aus den glücklicherweise erhaltenen Bittgesuchen um Spielerlaubnis und den zahlreich vorhandenen Theaterzetteln ziemlich genau zu rekonstruieren.

Im Oktober 1807 wird wieder ein solches Gesuch genehmigt, nämlich sich in der »Linckgaß, bei Herrn Lüllsdorf« niederzulassen. Gemeint ist das Haus Lintgasse Nr. 14, das zu dieser Zeit dem Hotelier und Pferdeverleiher Lüllsdorf gehört. Winters kehrt also in die Nähe seines ersten Spielorts zurück.

Dieses Gebäude wurde 1290 zum ersten Mal als Haus »Zum Giren« (altes Wort für »Geier«) in den Schreinsbüchern der Pfarre St. Brigida erwähnt. Im Mittelalter nutzten es die Mönche des gegenüberliegenden Benediktiner-Klosters von St. Martin als Weinkeller. Im 16. Jahrhundert wurde dann ein Neubau mit einer schlichten Barockfront erbaut, die seit 1696 von einem prächtigen Rundbogenportal in flämischem Barock dominiert wird. Der sehenswerte Gewölbekeller wird bis heute als »Gir-Keller« gastronomisch genutzt.

Schon ein Jahr später zieht Winters wieder um, »Auf der Aar Nr. 4 beim Faßbender Fuchs« heißt die neue Adresse in einem Sträßchen zwischen Markmannsgasse und Sassenhof. Es ist der frühere Spielort seines Kontrahenten Spiegel, dem er nach der Veröffentlichung eines polemischen Artikels wohl den Rang abgelaufen hat. Verdrängungswettbewerb unter Künstlern vor Entstehung des Kapitalismus! Winters übernimmt nicht nur Spiegels Spielstätte, sondern auch Stücke aus dessen Repertoire. Die Behörden weist er stolz darauf hin, dass das neue Domizil über Beleuchtung und zwei Mann Aufsichtspersonal verfügt.

Haus »Zum Giren«, Lintgasse Nr. 14
nach der 1938er -Sanierung

1816 schrieb Winters übrigens sein letztes Gesuch um Spielerlaubnis. Er hatte wohl die seit 1814 im Rheinland regierenden Preußen nicht nur von der Harmlosigkeit seines Wirkens überzeugen können, sondern sogar Gönner und Protektoren gefunden. Das Winters'sche Theater war gesellschaftsfähig geworden, nicht nur das »einfache Volk«, auch »honette Leute« gehörten jetzt zum Stammpublikum. Eine rasante Entwicklung von der »Subkultur« zur gesellschaftlichen Reputation! Das wachsende Ansehen kam unter anderem auch dadurch zum Ausdruck, dass dem Theater im ersten offiziellen Karnevalszug 1823 ein eigener Wagen gewidmet wurde. Auch in den folgenden Zügen wurde das Hänneschen regelmäßig thematisiert.

Das Hänneschen in der Wehrgasse, Gemälde von Josef Passavanti 1906

In den 20er Jahren des 19. Jahrhunderts verlegt Winters den Sitz seines Theaters in die Blindgasse zwischen Augustinerplatz und »An St. Agatha« (heute Cäcilienstraße). Hier begeistert man das geneigte Publikum mit Stücken wie »Die Wahl oder der neue Bürgermeister«, »Die Kunst, alte Weiber jung zu machen«, »Der Jud im Weinfaß« (auch zu dieser Zeit tauchen Juden als Objekt des Spotts in mehreren Stücken auf), »Die Belagerung der Marienburg«, »Der Rülbs oder Der betrunkene Bauer«, natürlich alles »mit Gesang, Tanz und Schlägerei«! 1834 zieht der Prinzipal mit seiner ganzen »hölzer Bagasch«, mit Hänneschen, dessen Vater Steffen, Bärbelchen, Bestevader und Bestemoder, Jungfer Drückchen, Nohber Tünnes, Schutzmann Schnäuzerkowski und Wirt Mählwurms Pitter ein paar Straßen weiter östlich in die Wahlgasse Nr. 1 (auch Wahlengasse oder Pfahlgasse) »an Klein St. Martin am Heumarkt beim Herrn Schreinermeister Welter«. Dort befindet sich heute die breite Schneise der Pipinstraße.

Den Erfolg, den sich Winters erspielte, kann man nicht hoch genug einschätzen angesichts der Tatsache, dass er von Anfang an nicht konkurrenzlos war. Abgesehen von in Köln gastierenden auswärtigen Marionetten-Theatern und Kölner Puppenspielern, die kein Hänneschen-Theater machten, gab es auch auf seinem ureigenen Gebiet Rivalen. Die Mitbewerber um die Gunst des Publikums spielten sogar in der nächsten Nachbarschaft! Joseph Spiegel und Nicolaus

Hofmann haben wir bereits erwähnt. Bis 1815 sind als weitere Konkurrenten der Wollweber Michael Giersberg in der Lintgasse Nr. 18 (Winters' erstem Spielort), Johann Michael Sultan, der nach Winters in der Lintgasse 14 spielte, und der Barometermacher Rochus Bianco aus dem fernen Mailand bekannt. Es knubbelte sich also regelrecht um den Heumarkt herum, und die konkurrierenden Puppenspieler gaben sich in den geeigneten Etablissements gleichsam die Klinke in die Hand. Aber der größte Rivale sollte erst noch kommen.

Um 1840 herum wird die Familie Millewitsch (so die damalige Schreibweise) aus Küstrin in Köln sesshaft. Das Familienoberhaupt, Franz Andreas (1797-1875), kann – ähnlich wie Winters – mit seinen Berufen als Düngemittel- und Spezerei-Händler seine Familie nicht ernähren. Daher hält er sich als Straßenmusikant, Bauchredner und Puppenspieler über Wasser. Ein Gesuch um Spielerlaubnis als niedergelassener Puppenspieler wird von der Bezirksregierung mit der Begründung abgelehnt, dass gemäß der Polizeiverordnung keine zwei Puppentheater in der Stadt zugelassen werden können. Ein deutlicher Hinweis darauf, dass Winters sich nicht nur des Wohlwollens der Obrigkeit, sondern auch deren Protektion erfreuen kann. In einem erneuten Antrag fragt Millewitsch an, ob er sich nicht »in einer gewissen, allenfalls zu bestimmenden Entfernung von der Stadt« niederlassen könne. Auch dies wird abgelehnt. Aber so schnell gibt der Winters-Konkurrent nicht auf. 1843 versucht er es eine Stufe höher, beim Oberpräsidenten der Rheinprovinz, aber der gibt ihm ebenfalls einen Korb, auch was eine Niederlassung im Kölner Umland angeht. Millewitsch erweist sich als einfallsreich und postiert sich geschickterweise auf der »Schäl Sick«, im noch nicht eingemeindeten Deutz, an der Schiffsbrücke. Immer, wenn die Pontons aufgefahren werden, um ein Schiff passieren zu lassen, holt er Hänneschen-Puppen unter seinem weiten Mantel hervor und vertreibt den Wartenden mit seinen Faxen die Zeit.

Stück für Stück geben die Behörden ihren Widerstand auf. Im November 1847 hat Millewitsch es bereits zu einem festen Spielort in Deutz in der Siegburger Gasse »bei Meist« gebracht, und 1849 dringt er sogar auf Köl-

Darstellung des Hänneschen-Theaters, der Witwe Klotz in einem Rosenmontagszug um 1900. Aquarellierte Federzeichnung von H. Recker um 1900

ner Stadtgebiet vor. Sein »Altes conzessioniertes Puppentheater« befindet sich für längere Zeit in der Weyerstraße Nr. 44 im »Zülpicher Hof«, dann u.a. Thieboldsgasse Nr. 70, 1862 Auf dem Rothenberg Nr. 9 und auf der Deutzer Freiheit Nr. 71. Er versucht, Winters mit dessen eigenen Waffen zu schlagen, und spielt

Das Hänneschen-Theater von Jean Hamacher im ehemaligen »Kastans Panoptikum« im Vergnügungspark »Goldene Ecke« in Riehl

Stücke aus dessen Repertoire wie »Die Teufelsmühle«. Offensichtlich verfügte dieser Millewitsch wie auch seine Nachfahren über urwüchsiges Komödiantentum, großes Spieltalent und einen untrüglichen Sinn für die Bedürfnisse des Publikums, vielleicht all das in noch stärkerem Maße als Winters. So wird Millewitsch zum großen Rivalen des alternden Hänneschen-Prinzipals. Aber der beweist, wie schon in den ersten Jahren, Kampfgeist. Er nennt sich jetzt »Puppentheater des ersten Kölnischen Henneschen« und inseriert 1860 in der Kölnischen Zeitung:

»Dä Winters met singem Spill es bekannt
Un hät sin Privilegium noch en der Hand!«

Sogar seine Eintrittspreise erhöht er voller Selbstbewusstsein auf fünf bzw. zweieinhalb Silbergroschen!

In den 50er Jahren packt Winters mal wieder die große Wanderlust, trotz seiner achtzig Jahre. Wenn der Spruch »Dreimol ömgetrocke es wie einmol avgebrannt« stimmt, dann müssten seine Puppen längst ein Raub der Flammen geworden sein! 1852 verlegt er sein Theater in die Maximinenstraße Nr. 32 im Eigelsteinviertel gegenüber dem damaligen Forstbotanischen Garten, 1856 in die Weißbüttengasse Nr. 8 (eine Straße zwischen Waidmarkt und Bächen, auf deren Gelände nach dem Zweiten Weltkrieg das Polizeipräsidium gebaut werden sollte), um sich schließlich für längere Zeit in der Wehrgasse Nr. 1, dem früheren »Harff'schen Saal«, niederzulassen. Die Wehrgasse ist noch heute eine schmale Verbindung zwischen Mühlengasse und Große Neugasse am Brügelmann-Komplex. Ein Gemälde von Josef Passavanti von 1906 zeigt einen stallartigen Raum mit Holzbalken-Decke als Spielstätte. Neben der Tür ein Tisch für den Kartenverkauf, an dem die Chefin Elisabeth Winters und ein Bediensteter

sitzen. Ein Platzanweiser zeigt die Treppe hinauf den Weg zum Theaterraum mit Bühne und Parkett. Hinter dem Parkett der als Empore genutzte, ziemlich überfüllte Heuboden.

1856 trifft den Prinzipal ein schwerer Verlust: Seine Frau Elisabeth, die Seele und Säule des Theaters, verstirbt im Wohnhaus Wahlgasse Nr. 1. Er verliert nicht nur seine »Mariezebell«-Darstellerin, sondern auch eine geschäftstüchtige und resolute Theaterchefin, die den Kartenverkauf kontrolliert, in den Pausen Obst, gekochte Eier und Kastanien verkauft und einige der berühmten Bittgesuche an die Obrigkeit verfasst hat. Auf einigen Theaterzetteln firmierte sie sogar als »Directorin des National Puppentheaters in Köln«. Sechs Jahre später folgt ihr Gatte ihr nach. Beliebt und angesehen wegen seines Puppenspiels, aber arm, so stirbt J.C. Winters am 5. August 1862 im Alter von einundneunzig Jahren in seinem damaligen Wohnhaus in der Follerstraße Nr. 56 (vergl. Stammbaum; Kap. 1).

Nun entbrennt, wie Carl Niessen in seinem Buch »Das rheinische Puppenspiel« von 1928 berichtet, ein heftiger Kampf um Winters' Nachfolge unter Familienmitgliedern, früheren Mitspielern und Konkurrenten. In der Mauthgasse Nr. 15/17, die sein letzter Spielort gewesen ist, setzt »J. Schreiner (früher Winters)« das »Priv. Puppentheater« fort und ist später An Lyskirchen Nr. 14 zu finden. »Meyer und Klotz« eröffnen in der Spulmannsgasse Nr. 64 ein »Neu privilegiertes Puppentheater« und firmieren danach als »Meyer & Comp., Familie von Christ. Winters« in der Alte Wallgasse Nr. 19. Millewitsch residiert Auf dem Rothenberg Nr. 9 und bezeichnet sich nun als »Erster rechtmäßiger Nachfolger von Christ. Winters«! Also posthume Anerkennung durch den größten Rivalen.

Die Familientradition jedenfalls wird von den Familien Klotz und Königsfeld aufrechterhalten. Winters' älteste Tochter Gertrud (1801–1837) hat 1824 den Anstreicher (da konnte der Schwiegersohn mit dem Schwiegervater fachsimpeln) Paul Josef Königsfeld (1797-1863) geheiratet. Deren Tochter Maria Magdalena Königsfeld (1828-1893) ehelicht 1849 den Steinhauer Peter Klotz (1830-1863). Der hat schon als Achtzehnjähriger ein eigenes Theater, gerät aber im Revolutionsjahr 1848 mit der Obrigkeit in Konflikt und erhält Spielverbot. Erst 1863 eröffnet er in der Glockengasse Nr. 13 gegenüber der

Das Rubenshaus in der Sternengasse Nr. 10 mit den »Städtischen Puppenspielen«

Schwertnergasse (»Alte Post, rechts im Hofe«) ein neues »Conzessioniertes Puppentheater«, stirbt aber noch im gleichen Jahr.

Seine Witwe Maria Magdalena Klotz geb. Königsfeld führt das Theater weiter und läuft damit allen Mitbewerbern den Rang ab. Auch sie zieht, wie ihr Großvater, häufig um: Filzengraben 15, Severinstraße im »Roten Löwen«, die »Villa Blatzheim« in Ehrenfeld und 1885 Großer Griechenmarkt in der »Krone« sind u.a. ihre Spielorte. Dort führt sie mit fünf Fuß (ca. 1,65 m) großen Puppen Stücke auf wie die »Travestierte Operette Don Cäsar«, »Zwei handfeste Kääls«, »Das verhängnisvolle Kunstwerk« und »Hänneschens Hochzeit«. Gastspiele führen sie u.a. nach Bonn, Aachen, Düren und Krefeld. Nach dem Tod von Maria Magdalena Klotz führt deren Sohn Peter Joseph Klotz (1851–1911) die Familientradition fort. 1896 heiratet er in zweiter Ehe Elisabeth Bey (1851–1919), die wiederum nach seinem Tod das Theater als »Wwe. Klotz« unter ihre Leitung nimmt und sich »Inhaberin des ältesten Kölner Hänneschen-Theaters« nennt, aber wohl über keinen festen Spielort mehr verfügt.

Parallel zum Familienzweig Klotz hält Winters' Enkel Heinrich Josef Königsfeld, Bruder von Maria Magdalena Königsfeld, die Tradition aufrecht. Er hat sich schon früh mit Puppenspiel beschäftigt und 1852 eine Textsammlung mit Hänneschen-Stücken verfasst. Während er im Winter mit seinem Bruder Everhard in Köln spielt, meist in den alten Hänneschen-Lokalitäten Wahl- und Wehrgasse, gehen die beiden im Sommer auf Tournee. 1892 übernimmt Heinrich Königsfeld das nun ganz auf Tourneen eingestellte Theater von seinem Vater und bringt das Hänneschen-Spiel bis nach Luxemburg, Lothringen und ins Elsass. 1914 feiert er auf der Werkbund-Ausstellung ein Wiedersehen mit der kölschen Heimat. Dort firmiert er als »Original Privilegiertes Puppentheater Cölns – Kölner Hänneschen-Theater«. 1925 hilft er seinem Sohn Heinz beim Aufbau der ganz in der Familientradition stehenden »Rheinischen Puppenspiele«, die 1927 im Kaufhaus Peters (heute Karstadt) gastieren. Ein großer Teil des

Theaterfundus von Heinz Königsfeld befindet sich seit seinem Tod 1973 im Kölnischen Stadtmuseum.

Zu Winters' Erben zählen sich in der Zeit zwischen 1900 und 1920 auch das Theater von Jean Hamacher und Karl Schmoll (ein früherer Dombildhauer, der uns auf dem Weg des Hänneschens noch begleiten wird), das 1912 im ehemaligen »Kastans Panoptikum« im Vergnügungspark »Goldene Ecke« in Riehl spielt, und das Theater Bongardt im Keller des gleichen Hauses, dessen Ensemble Wilhelmine Oellers und als Lehrling der spätere Spielleiter Fritz Danz angehören. Und alle schmücken sich mit dem Titel »Original Kölner Hänneschen-Theater«.

In dieser Zeit geriet das Hänneschen-Spiel in eine Krise. Die Konkurrenz des Personentheaters übte Druck aus, manche Theater versuchten, die Gunst des Publikums durch immer drastischere Pointen zu erlangen, Wilhelm Millowitsch spielte nur noch kölsche Parodien von Berliner Operetten. Das Repertoire der klassischen Hänneschen-Stücke wurde zunehmend zurückgedrängt und – das war das Entscheidende – durch nichts eigenständig Neues ersetzt. Auch die Winters'sche Familientradition drohte mit dem Tod der zweiten Witwe Klotz 1919 zu Ende zu gehen. Außerdem ließen wirtschaftliche Not und Inflation nach dem Ersten Weltkrieg die Kölner an andere Dinge als Puppenspiel denken. In dieser kritischen Situation wurden sich Kölner Bürger mit lokalpatriotischem Engagement des Schatzes bewusst, den die Stadt mit ihrer Hänneschen-Tradition besaß, und traten zu deren Rettung an. Objekt der Bemühungen war dabei das Theater der Witwe Klotz, das nach wie vor aus den dahinvegetierenden Puppenbühnen herausragte.

Hänneschen-Heuboden Romantik auf der Jahrtausend-Ausstellung der Rheinlande in der Kölner Messe, 1925

Bereits 1912 hat sich Oberbürgermeister Max Wallraf der Verdienste seines Vorfahren, des Universitätsrektors Ferdinand Franz Wallraf, um das Theater erinnert und einen Ausschuss zur Rettung des Hänneschens ins Leben gerufen.

Schon damals wird erwogen, das Hänneschen in städtische Regie zu übernehmen und in einem Bogen der Dombrücke unterzubringen. Der Plan scheitert am Kriegsausbruch. Stattdessen beschafft man der Witwe Klotz eine feste Bleibe in der Sternengasse Nr. 10, im »Rubenshaus«, wo sie sich aber nicht lange halten kann. Erfolgreicher dagegen spielt die Winters-Nachfahrin bis zu ihrem Tode 1919 auf einer von der Stadtverwaltung bereitgestellten Naturbühne im Stadtwald.

Nach dem Krieg und der Überwindung der Not werden die Bemühungen wieder aufgenommen. Nun betritt der Mann die Bühne, den man als Vater der Hänneschen-Wiedergeburt bezeichnen kann: Prof. Dr. Carl Niessen, Leiter des Instituts für Theaterwissenschaft an der 1919 wiedereröffneten Kölner Universität. Er gründet die »Kommission zur Wiederbelebung der Kölner Puppenspiele«, die Stadtverwaltung und Bürgerschaft für eine Hänneschen-Renaissance begeistern soll.[2] Mit dabei sind die Lehrer bzw. Rektoren und späteren Hänneschen-Autoren Wilhelm Schneider-Clauß, Wilhelm Räderscheidt, Wilhelm Boes, Heinrich Hack und Peter Paul Trippen. Parallel dazu gründen die Brüder Carl und Josef Niessen das »Alte Kölner Hänneschen-Theater«. Die Erfolge dieser Wanderbühne und die Arbeit der Wiederbelebungs-Kommission führen schließlich dazu, dass das Hänneschen wieder eine feste Bleibe erhält.

Das Theater am Eisenmarkt nach der Altstadt-Sanierung

Als neuer Sitz wurde – im zweiten Anlauf – erneut das Rubenshaus, Sternengasse Nr. 10, ausgewählt. Es war ein geschichtsträchtiges Haus, »e Huus, dat vill verzälle kunnt«. Der Vorgängerbau gehörte seit 1422 der Familie Walrabe und hieß nach deren Wappentier »Zum Raben«. Nach mehrfachem Besitzerwechsel weist die Chronik es im 17. Jahrhundert als »Groensfelder Hof« aus. Der große Maler Peter Paul Rubens verbrachte hier einen Teil seiner Jugend, und die französische Ex-Königin Maria von Medici wohnte und starb hier 1642. 1729 wurde der Nachfolgebau im Barock-Stil errichtet, in dem Beethoven sein erstes öffentliches Konzert gab.

Und nun also – nach Rubens, Medici und Beethoven – et Hännesche! Die Stadt-verordneten-Versammlung beschließt am 9. September 1926 die »Herrich-tung eines Raumes und Einbau einer Bühne (…) sowie die Bewilligung eines Be-triebszuschusses«. Die Einrichtungskosten werden auf 8.410, der Betriebszu-schuss für 1926/27 auf 3.800 Reichsmark festgelegt. Damit ist das Hänneschen-Theater mit einer festen Spielstätte unter städtischer Obhut. Schon am 9. Ok-tober 1926 werden die »Städtischen Puppenspiele« in Anwesenheit von OB Adenauer mit Wilhelm Räderscheidts »De Weckschnapp« feierlich eröffnet. Spielleiter Fritz Danz und sein Ensemble mit dem Urgestein Karl Schmoll, mit Winand Heller, Berta Portz und Hanns-Edmund Schmidt können stolz auf ihr neues Domizil sein, das in einem langgestreckten Raum im Hof des Gebäudes untergebracht ist und 231 Personen Platz bietet. Die technische Bühnenein-richtung ist vom Feinsten. 1930 wird sogar ein Schnürboden mit 22 Zügen ein-gerichtet, der ausreichend hoch ist, um Theaterprospekte (handgemalte Hin-tergründe auf Leinwand) und Kulissen nach oben wegziehen zu können. Dies bedeutet eine wesentliche Verkürzung der Umbaupausen.

»Et Hännesche en der Stänejaß« ist ein voller Erfolg; das Ensemble kann sich stets über ein volles Haus freuen. Der Andrang ist derart groß, dass der zustän-dige Ratsausschuss beschließt, für Vereine und Schulen dreimal wöchentlich Sondervorstellungen zu geben. Die städtischen Zuschüsse können sich also in Grenzen halten, und das Ensemble wird aufgrund des Erfolges 1927 auf sechs Spieler aufgestockt. Unterdessen besteht die Wander-bühne der Brüder Niessen weiter und wird dem ortsfesten Hänneschen »angegliedert«: ein »Duales System« also, ein städtisches Puppenspiel mit fester Spielstätte und überwiegend neuen Stücken auf dem Spiel-plan sowie eine Wanderbühne mit reger Gastspieltätigkeit und den al-ten Stücken aus der Winters-Tradition im Repertoire.

Als Fritz Danz im Mai 1933 stirbt, übernimmt Hans Berschel, der schon einige Jahre im Ensemble mitspielt, die Leitung des ortsfesten Theaters in der Sternengasse. Nachdem das Hännesche dort zwölf Jahre lang sesshaft gewesen ist, »verordnet« die Stadt ihm 1938 sozu-sagen einen Umzug ins Martinsviertel.

Der Neubau am Eisenmarkt 1938

Das Martinsviertel war Anfang des 20. Jahrhunderts zu einem Elendsviertel heruntergekommen, litt unter zu dichter Bebauung, Verfall der Bausubstanz, katastrophalen hygienischen Verhältnissen, Prostitution und Kleinkriminalität. Deshalb hatte man bereits unter OB Adenauer Pläne für eine Sanierung erarbeitet. Die nationalsozialistische Stadtverwaltung setzte diese Pläne ab 1935 in die Tat um, fügten sie sich doch ideal in deren Gedankengut ein. Das Projekt hieß jetzt »Altstadtgesundung«. Die in hoher Zahl dort wohnenden jüdischen Zuwanderer aus Osteuropa sollten vertrieben werden und »wertvollen Volksgenossen« Platz machen. Man wollte eine historische Kulisse als Symbol für die mittelalterliche Größe Kölns und des Deutschen Reichs erhalten bzw. schaffen, und das Hänneschen sollte das »Sahnehäubchen« auf dem Sanierungsprojekt sein, sollte für seriös-bürgerliche Belebung sorgen.

Hänneschen-Umzug zum Eisenmarkt

An der Ecke Friedrich-Wilhelm-Straße (heute Markmannsgasse)/Auf dem Rothenberg war durch den Abbruch von zwei baufälligen Häusern eine Baulücke entstanden, in der die Grund-und-Boden GmbH nach Plänen des Architekten Paul Kosch einen Neubau errichtete, der im Erdgeschoss das Hänneschen-Theater mit Eingang am Eisenmarkt aufnahm. Das viergeschossige Theatergebäude wurde um etwa zehn Meter hinter die Fluchtlinie des barocken Hauses Eisenmarkt Nr. 4 zurückversetzt. Vorgelagert wurde ein eingeschossiger Holzbau mit Schieferdach, in dem Foyer, Kasse, Garderobe und Toiletten untergebracht waren. Ein sich rechts anschließender niedrigerer Vorbau beinhaltete das Zimmer des Spielleiters und den Aufenthaltsraum des Ensembles. Die Front zur Friedrich-Wilhelm-Straße hin enthielt zwei Ladenlokale im Erdgeschoss mit Nebenräumen im Zwischengeschoss. Nach dem Krieg residierte

Der Requisitenwagen

hier das Zweirad-Geschäft »Osterkorn«, ehe die Räume dem Hänneschen Anfang der 80er Jahre für die Unterbringung der Puppenabteilung zugeschlagen wurden. Die Zwischengeschosse sind bis heute als innenarchitektonisches Kuriosum erhalten. Auffallend an dieser Gebäudeseite an der Ecke zum Rothenberg ist die Hänneschen-Bronzefigur des Bildhauers Willi Klein, die, eine Hand

lässig in der Hosentasche, mit dem Daumen der anderen Hand über die Schulter zeigt: »He wed Hännesche gespillt!« (s. Abb. S. 102)

Das neue Haus war besonders im Inneren ein Schmuckstück. Der Zuschauerraum bot 266 Sitzplätze; holzverkleidete Pfeiler, die die Sicht nicht behinderten, stützten die Decke, deren Holzverschalung die Kölner Maler Peter Strausfeld, Jupp Ruland und Albrecht Müller in 495 Einzelbildern kindgerecht-naiv ausgemalt hatten. Schmiedeeiserne Langleuchter, hell gestrichener Rauputz und einfache, im Holzton lackierte Bänke komplettierten das Ganze. Wie bereits in der Sternengasse verfügte das Theater auch am Eisenmakt über eine bühnentechnische Ausstattung auf dem modernsten Stand, die in mancher Hinsicht der heutigen überlegen war. Prunkstück war ohne Zweifel der vierzehn Meter hohe, über drei Geschosse reichende Bühnenturm (heute knapp acht Meter). Er war zehn Meter tief und sieben Meter breit. Auf einer in Höhe des Schnürbodens angebrachten, schwebebahnähnlichen Schiene konnten die Requisiten wie etwa Tische und Stühle eingehängt und bei Bedarf ins Bühnenbild eingefahren werden. Sie schwebten also in Britzhöhe über den Puppenspielern und standen nicht auf Holzständern aufgebockt auf dem Bühnenboden. Der Vorteil bestand in der größeren Bewegungsfreiheit der Spieler. Die Höhe des Bühnenturmes ermöglichte es, Kulissenteile beim Umbau des Bühnenbildes einfach nach oben wegzuziehen. Nicht nur nach oben bestand Manövrierraum für Kulissen und Requisiten, es gab auch eine Versenkungsanlage für Teile des Bühnenbildes.

Am 29. Juli 1938 ist es dann so weit: Das Hänneschen-Theater zieht von der Sternengasse zum Eisenmarkt um. Der Verwaltungsdirektor der städtischen Bühnen, Hans Molitor, hat diesen Umzug als öffentlichkeitswirksames Spektakel organisiert, sozusagen als Mini-Rosenmontagszug und kölsches Volksfest. »Hölzche un Stöckche es op de Bein« und demonstriert, wie sehr sich die Bevölkerung mit dem kölschen Nationaltheater identifiziert.

Nachdem schon 1914 im Zuge der Bemühungen um eine Hänneschen-Renaissance auf einem kleinen Platz an der Straße Im Dau ein Hänneschen-Brunnen in Form einer Pumpensäule errichtet worden war, auf die der Bildhauer Simon Kirschbaum das Hänneschen als Kind neben den sitzenden Besteva gestellt hat-

te, erhielt nun der Kölner Bildhauer Lambert Schmithausen, Begründer des legendären Künstlerballs »Die Scheune«, den Auftrag, einen Hänneschen-Brunnen für den Eisenmarkt zu schaffen. Das Ergebnis war eine neun Meter hohe, schlanke Säule aus Muschelkalk, deren oberer Teil aus mehreren schmalen, sich verschachtelt übereinander türmenden Häusergiebeln bestand – eine originelle Spiegelung der Altstadt-Silhouette. Auf einem vorgelagerten Quader am Säulenfuß schlief Tünnes seinen Rausch aus, darüber standen auf zwei Erkern Bärbelchen, Bestemo und Besteva sowie Schäl und Schnäuzerkowski. Die Brunnen-Funktion wurde zweifach erfüllt, nämlich durch den Nachttopf, den Mariezebell ausleerte, und durch einen pausbäckigen Speimanes-Kopf als Wasserspeier. Über allen thronte frech und breitbeinig auf einer Steinkante das Hänneschen. Der Brunnen war eine äußerst gelungene, originelle Arbeit und genoss in der Kölner Bevölkerung große Popularität. Obwohl er bei Kriegsende im Gegensatz zu seiner Umgebung kaum beschädigt war, wurde er in Einzelteile zerlegt, die dann in städtischen Depots lagerten und dort auf ungeklärte Weise verschwanden. Ein bedauerlicher und unnötiger Verlust!

Am 5. Februar 1939, einem sonnigen Sonntagmorgen zur Karnevalszeit, erleben die Kölner dicht gedrängt auf dem Eisenmarkt die feierliche Einweihung des Brunnens. Die Zuschauer lehnen auch in den – zum Teil hakenkreuzgeschmückten – Fenstern und stehen sogar auf den Dächern. Nach der Einweihungsrede von Bürgermeister Brandes sprudeln zur Begeisterung des Publikums die ersten Wassertropfen aus dem Speimanes-Mund und dem Mariezebell-Nachttopf. Nun bahnt sich das Hänneschen-Ensemble, alle in den Kostümen der Puppentypen, den Weg durch die Menge und führt ein kleines Spiel auf, wie immer frech und respektlos.

Bis zum Juni 1940 spielt das Hänneschen erfolgreich am Eisenmarkt, dann muss auch diese kölsche Institution dem Krieg Tribut zollen und den Spielbetrieb einstellen. Gegen Kriegsende wird das Theatergebäude durch einen Bombentreffer zerstört. Der gesamte Fundus an Bühnenbildern, Puppen und Requisiten mit Ausnahme des Textarchivs geht verloren.

Erst durch die Bemühungen des späteren Spielleiters Karl Funck, Spieler und Puppen wieder zusammenzuführen, heißt es am 15. August 1948 im Hörsaal I der Kölner Universität erstmalig wieder »He wed Hännesche gespillt!«. Auf

dem Spielplan stehen das Kinderstück »Hännesche op der Faht noh'm Glöck« und abends »Meister Nikola«. Ab dem 1.11.1949 gastiert das Theater im Saal der Klettenberger St. Bruno-Pfarre und 1950, zur 1900-Jahr-Feier der Stadt, in den Osthallen der Messe, von wo bereits 1925 eine Hänneschen-Renaissance ausgegangen war.

Auch im ehemaligen Kabarett »Tazzelwurm« auf der Zülpicher Straße (heute Kino »OFF Broadway«) kommt das Theater für kurze Zeit unter.

Am Aschermittwoch 1950 wird der Rat der Stadt offenbar nicht von Katerstimmung geplagt, denn er fasst ohne Gegenstimmen den weisen Entschluss, das Theatergebäude am Eisenmarkt für 121.000 DM wiederaufzubauen. So kann das Hänneschen am 1. August 1951 mit einer Aufführung des »Düxer Bock« von Schneider-Clauß zum zweiten Mal nach 1938 dieses Domizil beziehen.

Auf Betreiben der Stadtkonservatorin Hanna Adenauer wurde zu dieser Zeit das Martinsviertel entsprechend der »Vorkriegs-Sanierung« restauriert. Architekt für den Hänneschen-Bau war Hubert Molis, der schon bei der 38er-Sanierung verantwortlich war. Er war außerdem Mitglied des Heimatvereins »Alt-Köln«, Kommandant der Ehrengarde und Autor der Hänneschen-Klassiker »Kirmes om Kreechmaat«, »Der Huhzickspuckel« und »Hänneschens Weltmeisterschaft«. Molis entwarf an Stelle des im Krieg zerstörten Barockhauses das heutige Haus Eisenmarkt Nr. 4, das mit seinem aus der Stadthaus-Ruine geretteten historischen Portal Haupteingang und architektonische Visitenkarte des Theaters wurde. Seit 1954 ziert die Fassade auch eine Bronze-Gedenktafel für den Hänneschen-Begründer J.C. Winters. (s. Foto S. 195)

Natürlich war auch beim Wiederaufbau der Geldmangel allgegenwärtig; hinzu kam der Sachzwang zu möglichst schneller Wiederherstellung der Funktionsfähigkeit. So wurde darauf verzichtet, den Bühnenturm wieder ausreichend hoch für das Wegziehen der Kulissen nach oben zu bauen, wie es in der Sternengasse und im Vorkriegsbau am Eisenmarkt der Fall gewesen war. Vorteilhaft war, dass durch das neue Eingangshaus im bisherigen Foyer Platz für Werkstatt-, Magazin- und Aufenthaltsräume, ein Spielleiter-Büro und sogar einen Kinovorführraum für Schulen gewonnen wurde. Aber vieles hatte nicht die Qualität einer dauerhaften Lösung.

Eine Verbesserung dieser Zustände sollte bis in die 80er Jahre auf sich warten lassen. Da wurde es auch höchste Zeit, denn die Bedingungen für Publikum und Ensemble waren unzumutbar geworden. Zunächst kamen 1983 in der Spielleiterzeit von Berni Klinkenberg die bisherigen Räume des Fahrradgeschäfts Osterkorn im Gebäudeteil zur Markmannsgasse hinzu, in denen nun die Puppenwerkstatt sowie der Kostüm-, Puppen- und Requisitenfundus untergebracht wurden. Die zugehörige Schaufensterfront gab dem Theater die Gelegenheit, sich wirkungsvoller nach außen zu präsentieren.

Die Amtszeit von Gérard Schmidt als Spielleiter brachte unter anderem einen aufwändigen Um- bzw. Neubau des Theatergebäudes mit sich. Für 4,1 Millionen Mark wurde endlich ein repräsentatives und ausreichend großes Foyer geschaffen, der Saal renoviert und mit neuen roten Holzbänken (natürlich klassisch-unbequem) ausgestattet, eine Belüftungsanlage für Saal und Bühne eingebaut, die Britz versenkbar gemacht (jetzt konnten sich die Puppenspieler am Ende der Vorstellungen dem Publikum zeigen), Toiletten, Heizungsanlage, Tontechnik, Aufenthalts-, Verwaltungs- und Spielleiterräume erneuert. Die Moderne hielt durch eine computergesteuerte Beleuchtungsanlage Einzug ins Theater. An der Stirnseite des Eisenmarkts wurde mit Stiftungsgeldern der Kreissparkasse Köln ein einstöckiger Anbau für die Lagerung der Kulissen mit ebenerdigem Zugang zur Bühne errichtet. Nur der Bühnenturm, der wurde leider nicht wieder erhöht.

Der Umbau hat zur Folge, dass das Theater für 14 Monate in Ausweichquartiere umziehen muss. Im April 1985 verabschiedet sich das Ensemble mit einem kleinen Fest vom Eisenmarkt, nicht ohne ein paar Requisiten, alte Scheinwerfer und die legendären Holzbänke stückweise zu versteigern. Ziel ist die Wolkenburg, das Domizil des Kölner Männergesang-Vereins, der dem Hänneschen Asyl am Mauritiussteinweg bietet. Da der Saal in der Karnevalszeit anderweitig benötigt wird, müssen noch dreimal die Umzugskartons gepackt werden: für die Puppensitzung 1986 in die Aula des Gymnasiums Thusneldastraße in Deutz, wieder zurück zur Wolkenburg und endlich wieder zum Eisenmarkt. Eine Strapaze für alle Beteiligten, die sich allerdings in der Qualität des Spielplans nicht bemerkbar macht. Dazu trägt auch bei, dass Werkstattleiter Werner Schulz für diese Zeit eine sechseinhalb Meter breite und vier Meter tiefe zer-

legbare Leichtmetall-Konstruktion geschaffen hat, eine Wanderbühne als leicht verkleinerte Kopie Knollendorfs. Also ein Provisorium auf höchstem Niveau!

Im September 1986 zieht das Hänneschen dann zum dritten Mal in seiner Geschichte am Eisenmarkt ein, mit einem großen Eröffnungsfest auf dem Platz mit Oberbürgermeister Burger, Roten Funken, Hellije Knächte un Mägde und Höhner sowie der Premiere von »2001 – Stänekränk«.

In den folgenden Jahren unter Intendant Heribert Malchers lässt sich die Kölner Kulturstiftung der Kreissparkasse Köln nicht lumpen und spendiert dem Hänneschen u.a. den 1991 abgeschlossenen Umbau der Puppenwerkstatt und fünf Jahre später den der Requisitenwerkstatt. Die »Puppenstube« präsentiert sich seitdem in hellem Lärchenholz über die gesamte Raumhöhe mit platzsparenden Schiebetüren und umlaufenden Galerien. Glastüren gewähren Besuchern faszinierende Einblicke in die Schränke mit den Puppenköpfen und -kleidern. Die Requisite verfügt seitdem über Stahl-Rollschränke, die auf engstem Raum viel Platz bieten.

All dies sind wichtige Bausteine im Gesamtkunstwerk »Hänneschen« und gibt uns die Hoffnung, dass es auch in 200 Jahren noch heißt: »He wed Hännesche gespillt!«

Anmerkung

1   Vgl. Kapitel 2, Hänneschen und Theaterwissenschaft, S. 74

Das Theater am Eisenmarkt nach 1951

Hinger d'r Britz: Renate Vesen,
Walter Oepen, Uschi Hansmann
(Bärbelchen)

Fünftes Kapitel

Karl Funck am Schminktisch (50er Jahre)

Das Herz von Figur
und Bühnenbild: Holz

Monika Salchert

Der Schäl ist der Längste. Ganze achtundsechzig Zentimeter misst er von Schädeldecke bis Fußsohle. Der Speimanes ist der Kleinste. Das »Hermänn-chen« bringt es gerade mal auf dreiundvierzig Zentimeter. Und ist damit nur zehn Millimeter größer als die Kinder der Knollendorfer Sippschaft: et Rös-chen und et Köbeschen. Sogar et »Zänkmanns Kätt« bringt es auf stolze vie-rundvierzig Zentimeter. Dieser Längenunterschied wird auch auf ewig erhalten bleiben. Denn im Hänneschen wächst keine Puppe. Höchstens über sich hin-aus. Aber das hat andere Gründe und steht deshalb auch in einem anderen Ka-pitel.

In der Hänneschen-Werkstatt an der Hohen Pforte sind Werkstattleiter Ralf Bungarten und Mitarbeiter Markus Henn die Herren über alle »Holzköpp«. Gefertigt werden die einzelnen Teile der Puppen aus Lindenholz. Dieses Ma-terial ist in seiner Struktur sehr fein, dicht und weich. Für die sichtbaren Teile der Puppe, also Kopf, Hände und Füße, wird langsam und gleichmäßig ge-wachsenes Holz ausgewählt. Es muss gut abgelagert sein und dafür mindestens fünf Jahre liegen. Erst dann ist die natürliche Holzfeuchte so weit gewichen, dass das Holz nicht mehr arbeitet.

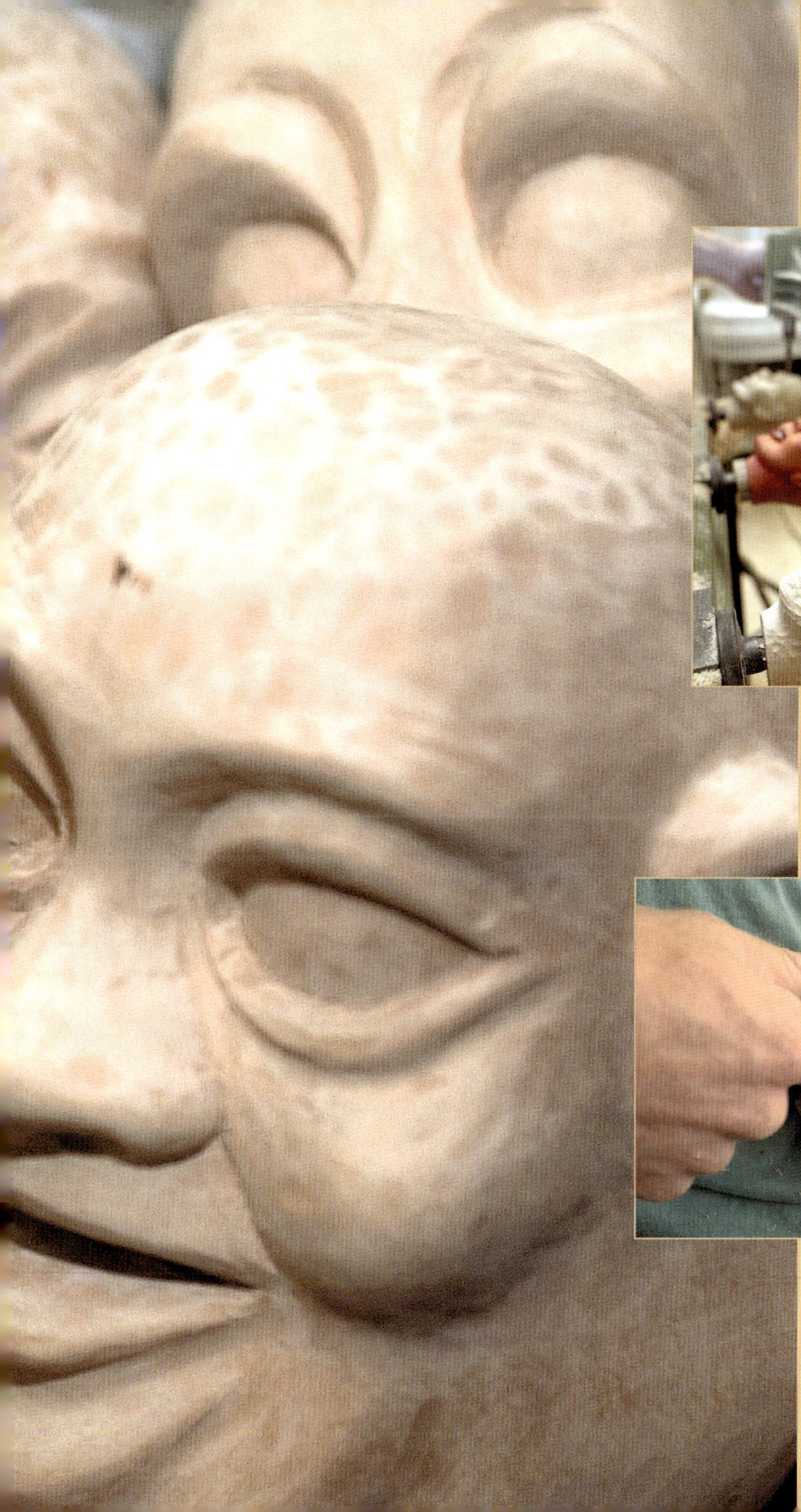

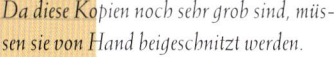

Mithilfe einer so genannten Kopierfräse
können von einem Modell zwei Kopien in
einem Arbeitsschritt erstellt werden.

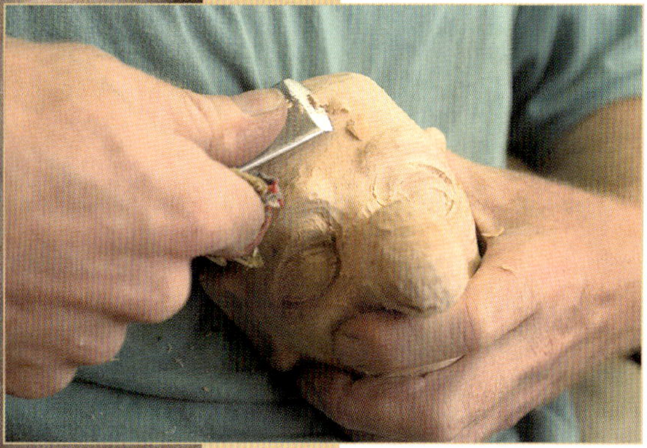

Da diese Kopien noch sehr grob sind, müssen sie von Hand beigeschnitzt werden.

Ungefähr achtzehn Arbeitsstunden dauert es, bis aus den einzelnen Linden-holz-Blöcken ein neuer Manes oder Tünnes geworden ist. Wie kommt es aber nun, dass die reproduzierten Köpfe der jeweiligen Knollendorfer Typen heute immer gleich aussehen? Das ist keine Selbstverständlichkeit; um 1930 waren die Figuren beispielsweise erheblich kleiner, einfacher und ausdrucksloser, und noch zu Zeiten des Spielleiters Karl Funck waren die Typen längst nicht so prägnant wie heute.

Erst als der frühere Werkstattleiter Werner Schulz 1975 das Schnitzmesser in die Hand nahm, gewannen die Knollendorfer Holzköpfe an Profil. Schulz erinnert sich: »Einge-stellt war ich ja eigentlich nur als Schreiner. Aber wie das so ist: Hier war mal ein neuer Fuß zu schnitzen, da ein Arm, dann wieder eine Nase oder ein Ohr.«[1]

Richtig ernst wurde es, als für das Stück »Im Wilden Westen« 1976 Dutzende Pferde gebraucht wurden. Der Weg zum Puppenschnitzer war dann nicht mehr weit. Was als Notlösung begann, weitete sich im Laufe der Jahre aus, und Werner Schulz fand nicht nur Gefallen an der Schnitzerei, er perfektionierte seine Fertigkeiten auf diesem Gebiet. So ent-standen später viele Sonderkreationen wie beispielsweise die Bläck Fööss.

Von der aktuellen Stammbesetzung sind in der Hännes-chen-Werkstatt Schnittschablonen vorhanden. Damit ist schon einmal gewährleistet, dass die individuellen Körper-maße und die Größenverhältnisse zu den anderen Typen im-mer gleich bleiben. Hänneschen und Bärbelchen gibt es je-weils in drei Ausführungen: einmal in groß für die Abendstücke, einmal in einer mittleren Größe (als Jugendliche) und etwas geschrumpft für die Kinderstücke. Auch den Manes gibt es in Normalausführung und einmal als Karnevalsmanes, zu erkennen an seinem breiten Grinsen.

Das Geheimnis immer gleicher Gesichtszüge und Körpermaße lässt sich lüften. Mit Hilfe einer Kopierfräse werden vom Kopf- wie vom Körpermodell sowie von Armen und Beinen einer Puppe Kopien hergestellt. Wenn gewünscht,

gleich zwei in einem Arbeitsschritt. Mit einem so genannten Taster werden die Konturen des Originals millimetergenau auf die grob vorgeschnittenen Rohlinge übertragen. Danach werden die Modelle von Hand beigeschnitzt, geschliffen und mit wasserlöslicher Farbe grundiert. Weil sich dabei die Holzfasern wieder aufrichten und die Oberfläche zu rau wird, muss anschließend nochmals geschliffen werden.

Sind alle Einzelteile fertig, geht es ans Zusammensetzen der Puppe. Mit Gurtband werden Arme und Beine am Körper befestigt. Nach genauen Vorgaben: Da ist beispielsweise der Abstand der Handspitzen zum Boden in jedem Einzelfall genau festgelegt. Schließlich ist es von größter Wichtigkeit, dass die Figur beweglich ist. Damit das Hänneschen immer genauso quicklebendig ist, wie es das Publikum gewohnt ist.

Außerdem gibt es einige Feinheiten zu beachten, um den Puppen Leben einzuhauchen. Arme und Beine sind so angebracht, dass die Fußspitzen nach links und rechts außen zeigen und dabei eine leicht geöffnete Scherenstellung aufweisen. Die Handflächen zeigen nach innen zum Körper hin. Das lässt die hölzernen Gesellen »menschlich« erscheinen. Warum das so ist, kann jeder im Selbstversuch testen, indem er sich ganz normal hinstellt; bequem, aber sicher im Stand. Und siehe da: Die Fußspitzen zeigen leicht nach außen, die Handflächen sind nicht nach hinten, nicht nach vorn, sondern nach innen zum Körper hingedreht. Verblüffend.

Für den Schäl kommt eine weitere Besonderheit hinzu. Weil er, wie eingangs erwähnt, der längste Knollendorfer ist, wird sein Kopf etwas angeschrägt aufgesetzt. Da die Puppen normalerweise geradeaus schauen, würde der Schäl ohne Schräge ziemlich unmotiviert über die anderen Puppen hinweg sehen. So ist sein Blickwinkel immer etwas von oben herab. Was seinem Naturell ja ohnehin entspricht.

Die »neue« und die »alte« Generation: Ralf Bungarten (li) und Werner Schulz (re)

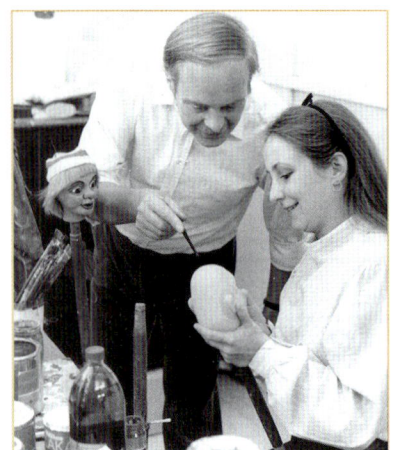

*Der gelernte Grafiker und Speimanes-Dar-
steller Heribert Brands kümmerte sich bis zu
seinem Ausscheiden aus dem aktiven Dienst
gemeinsam mit seiner Frau Stefanie um das
Bemalen der Puppen.*

Sind Köpfe von Nicht-Knollendorfern anzufertigen, wie sie vor allem für die
Puppensitzungen gebraucht werden, stellt sich das Verfahren komplizierter dar.
Hier hilft keine Kopiermaschine; hier regiert von Beginn an das Schnitzmesser.
Immer und immer wieder studiert Ralf Bungarten das Foto des künftigen Pup-
pen-Konterfeis. Es gilt die Proportionen, die Gesichtszüge des Betreffenden
einzufangen. Die fertige Puppe muss später im Theater aus verschiedenen Blickwinkeln und auch noch aus zwanzig Metern Entfernung zu identifizieren sein.
Der Schnitzer arbeitet sich dabei quasi von der Nase aus ins Gesicht hinein bis
zu den Augen zurück. Fast eine Woche dauert es, bis solch ein »Porträt« fertig
ist.

Die Führstangen werden übrigens nicht in der Hänneschen-Werkstatt hergestellt. Sie werden in der Schlosserei der Werkstätten der Städtischen Bühnen
in der Oskar-Jäger-Straße gemacht. Fertig und einsatzbereit sind unsere Puppen
aber immer noch nicht. Sie sind nämlich noch gänzlich nackt.

Die nächste Station ist die Puppenabteilung. Kleider machen nicht nur Leute,
sondern auch Puppen. Zunächst aber werden sie mit Plaka-Farben geschminkt.
Und zwar auf Fernwirkung. Was bei näherer Betrachtung übertrieben und mitunter sogar furchterregend wirkt, ist notwendig, damit auch die Zuschauer in
den hinteren Reihen die Physiognomie gut erkennen können.
Dieses Verfahren war schon zu Zeiten von Karl Funck, als das Bemalen der Figuren noch Chefsache war, üblich.

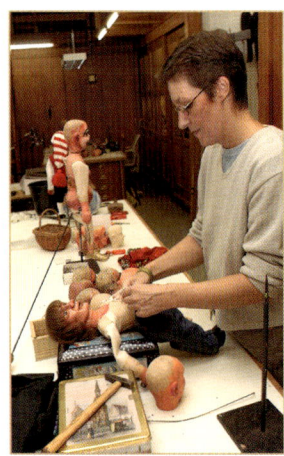

*Davon, dass es gar nicht mal
so leicht ist, einem hölzernen
Gesellen in Hemd und Hose zu
helfen, weiß Renate Vesen ein
Lied zu singen.*

Mit dem gelernten Grafiker Heribert Brands verfügte das
Theater lange Jahre über einen Fachmann, der nicht nur den Figuren zu den nötigen Konturen verhalf, sondern der auch für viele hervorragende Plakate, Bühnenbilder und Prospekte verantwortlich zeichnete.

Heute sorgt Stefanie Brands dafür, dass mit Farbe und Pinsel
Leben in die blassen Holzgesichter gehaucht wird. Unterstützung erhält sie von Heinz Becker, der die Puppen zusammensetzt,
ausbessert und ihnen per Pinsel wahlweise schwarze oder weiße
oder rote oder blaue Schuhe verpasst. Wie für die Kollegen aus
der Werkstatt stellt auch für Stefanie Brands die Wiedergabe eines

Prominenten eine besondere Herausforderung dar. Mit ruhiger Hand und einem noch besseren Blick macht sie die Konterfeis von Bayer-04-Manager Reiner Calmund, Altkanzler Helmut Kohl oder Prinz Charles bühnentauglich. Wichtig ist, dass prägnante Details wie die Form des Kopfes oder der Nase, Augenstellung oder auffallende Falten und Narben eingefangen werden.

Der nächste Schritt ist haarig. Die allmählich immer mehr Konturen annehmende Puppe bekommt Haare – sie werden angeklebt oder angenagelt – und eventuell einen Schnurrbart oder Bart.

Jetzt endlich erfolgt der Griff in den Kleiderschrank. Schier unüberschaubar ist die Zahl der kleinen Unterröcke, Unterhosen, Strümpfe, Röcke, Blusen, Mieder, Hosen, Hemden, Krawatten, Tücher, Fliegen, Schleifen, Schürzen, Kopftücher, Hüte, Westen und Kappen, die Renate Vesen und Inge von der Lohe in ihrer Obhut haben. Dazu kommen viele Accessoires wie Ohrringe, Ketten, Krawattennadeln oder Broschen und Ansteck-Sträußchen, außerdem Knöpfe, Häkchen, Schnallen, Gürtel und Hosenträger. Alles im Miniformat. Selbst die Kleiderbügel sind nur 19 Zentimeter lang.

Auch die etwas indiskrete Frage: »Wozu brauchen Puppen Unterhosen?«, lässt sich beantworten. Grete Zimmermann, lange Jahre Leiterin der Puppenabteilung und von Hause aus Herrenschneiderin, erläutert, dass das Kostüm »mitspielt« und daher vollständig sein muss. Es ist wichtig, dass das die jeweilige Kleidung auch zulässt. Ein Beispiel: Unter eine Schürze, die quasi auf dem Rock klebt, lässt sich keine Hand schieben. Et Mariezebell oder et Zänkmanns Kätt könnten also nicht mit wehender Schürze als Zeichen der Empörung die Szene verlassen. Auch ein platt zusammengefallenes Röckchen wippt nicht richtig. Mit aufbauschendem Unterrock dagegen gewinnt die ganze Figur an Lebendigkeit.

Wichtig ist auch die Auswahl der Stoffe. Sie müssen leicht sein, kleine Muster haben und von guter Qualität sein. Minderwertige, billige Stoffe haben keinen Glanz, fallen schlecht und halten außerdem nicht lange. Großgemusterte Stoffe beispielsweise mit einem Blumenmotiv kommen nicht in Fra-

Stefanie Brands sorgt mit Pinsel und Farbe dafür, dass den blassen Holzgesichtern Leben eingehaucht wird.

ge, weil diese Blume, die normalerweise mehrfach auf einem Kleidungsstück zu sehen ist, auf einem Puppenröckchen vielleicht nur einmal oder – noch schlimmer – anderthalbmal auftauchen würde.

Genäht werden die Kostümchen heute außer Haus. Der Grundstock für die Puppenkostüme wurde in den 50er Jahren von der Schneiderin Paula Krimer hergestellt. Gisela Funck (sie war von 1970 bis 1980 als Puppenspielerin im Theater) hat ebenso wie Grete Zimmermann Kostüme genäht. Mit Elfriede Bauer, die erst kürzlich zum Ensemble stieß, ist wieder eine gelernte Schneiderin am Theater.

Und dafür, dass alles immer proper aussieht, sorgt die Puppenspielerin Uschi Hansmann (»Bärbelchen«), die die Mini-Garderobe wäscht und bügelt.

Grete Zimmermann bei einer Führung. Im Fundus des Hänneschen-Theaters warten auch Prominente auf ihren Einsatz.

Die Hänneschen-Leute sind übrigens alle Alträucher. Da wird nichts weggeworfen. Auch unmodern gewordene Kleidung wird aufbewahrt. Sie könnte ja irgendwann wieder gebraucht werden. Wenn nicht jetzt, dann vielleicht später. Also wird das betreffende Stück erst einmal »en d'r Pluutekess« zwischengelagert. Selbst der zerbeulteste Hut wandert nicht auf den Müll. Der könnte das Tüpfelchen auf dem »i« sein, wenn ein Gammler ausstaffiert werden soll. Und aus einem alten, aufgetrennten Unterrock können winzige Ballettröckchen gleich für drei »Tanzmüüs« werden. Maßarbeit ist ohnehin alles im Hänneschen.

Wahre Sammler und Jäger sind auch die Requisiteure des Theaters. Sie haben schier für alles Verwendung. Kurz gesagt müssen Udo Müller und Jupp Schönberg den Überblick darüber behalten, was sich an Handstangen befestigen oder in die jeweilige Kulisse einfügen lässt. Hier alles aufzählen zu wollen, würde den Rahmen sprengen; deshalb nur ein willkürlich zusammengestellter Querschnitt: In diversen Schränken, besonders markant sind die Geldtresoren nachempfundenen Rollschränke, sind Geschirr, komplette Services inklusive Kaffeelöffelchen und Kuchengäbelchen, alte Schilder und Plaketten, Bastel- und Dekorationsmaterial, Luftschlangen, Bücher, Köfferchen, Paketchen, Spielsachen, Körbe, Gläser, Flaschen, Tüten, Rucksäcke, Taschen und so weiter untergebracht. Nicht zu vergessen die Saisonartikel: Weih-

nachts- und Osterschmuck sowie die Karnevalsdekoration. Oder der Schrank mit den Lärm- und Geräusche-Utensilien. Da ist die »Klätsch« (*Vorsicht: Ohrfeige!*) ebenso zu finden wie Fahrradklingeln, Schreckschusspistolen oder Klappern, um die gleichnamige Schlange oder auch Pferdegetrappel nachzuahmen.

Und natürlich darf auch das berühmteste Requisit des Hänneschens nicht fehlen: die »Woosch« vum Manes. Sie gibt es gleich in mehreren Ausführungen. Denn das fettglänzende Kleinod wird in der Puppensitzung so sehr beansprucht und nachgefragt, dass man mit einem Exemplar nicht auskommt. Aber keine Sorge, es sind alles Originale.

Bleibt noch der Blick auf den »Handstangenzoo«. Jede Menge Ratten, gefiederte Gesellen (ebenso putzig wie zahlreich sind die »Mösche«), Schlangen, Katzen, Hunde und sonstiges Getier hängen, der praktischeren Aufbewahrungsmöglichkeit wegen, kopfüber an speziellen Gestellen. Die Einzigen, denen das wahrscheinlich nichts ausmacht, dürften die Fledermäuse sein.

Trotz dieser in großer Zahl vorhandenen Schätze müssen etliche der in den Stücken gebrauchten Requisiten neu gebaut werden. Kehren wir also in die Werkstatt an der Hohen Pforte zurück. Da es maßstabsgerechte Möbel kaum zu kaufen gibt, müssen Stühle, Tische, Schränke, Bänke und Betten, um nur die simpelsten Dinge zu nennen, angefertigt werden. Aber auch sämtliche Gegenstände, die die Zuschauer immer wieder in Erstaunen versetzen, werden in der Werkstatt gefertigt. Dazu zählen der große Fuhrpark mit Luftschiff, Müllwagen, Eisenbahn, Flugzeugen, Schiffen und Bötchen. Auch hier gilt der Grundsatz: Nichts wegwerfen. Räder von Puppenwagen, alte Fahrradlampen, Sofasprungfedern oder Staubsaugerrohre eignen sich hervorragend, um verbaut zu werden. Werner Schulz, ehemaliger Werkstattleiter, erinnert sich, dass es früher beispielsweise einmal eine Mühle gab, die von einem alten Schallplattenmotor angetrieben wurde, und einen Zeppelin, der an einer Gardinenstange lief.

Renate Vesen (oben) und Inge von der Lohe leiten gemeinsam die Puppenabteilung. Schier unüberschaubar ist die Zahl der Kleidungsstücke und vielen Accessoires.

Hergestellt werden die Requisiten aus ganz gängigem Bastel- und Baumaterial. Gebraucht wird neben Sperrholz vor allem Styropor, Papier, Graukrepp, Schaumstoff, Draht und Plexiglas.

Schließlich entstehen in der Werkstatt die aufwändigen Bühnenbilder. Etwa hundert Kulissen und Dekorationen sind in einem geräumigen Lager untergebracht. Sie werden aus drei Millimeter dickem Birkensperrholz gebaut; hinter jeder glatten Wand wird ein genau berechnetes Gerüst aus sich kreuzenden, zwei Zentimeter dicken Latten befestigt. Das sorgt für die Stabilität. Zudem lässt sich die Kulisse so gut tragen.

Ralf Bungarten (knieend) und Markus Henn aus der Hänneschen-Werkstatt haben dem Theater viele hervorragende Kulissen beschert. Zu den beeindruckendsten Stücken gehört zweifelsohne der Nachbau des historischen Rathauses.

Fenster und Türen werden später eingepasst. Zum Schluss werden die Eisen, an denen die Kulissenteile im Bühnenbereich aufgehängt werden, angebracht. Nach dem Bau wird die fertige Holzkulisse mit gut deckender Fassadenfarbe grundiert, einer porenfüllenden Substanz, die von dem Holz stark aufgesaugt wird. Dann wird das Ganze angeschliffen und anschließend mit Abtönfarbe bemalt. Und so erwachen Pinselstrich für Pinselstrich die herrlichen Bühnenbilder wie beispielsweise der Köln/Bonner Flughafen, eine Brauerei, der Zirkus Roncalli oder der Kölner Hauptbahnhof zum Leben.

Ungefähr eine Woche brauchen Ralf Bungarten und Markus Henn für die Fertigstellung eines kompletten Bühnenbildes. Als Faustregel gilt: Pro Tag wird etwa ein Quadratmeter der gesamten Fläche fertig. Die Größe der Bühnenteile variiert; sie können zwischen zwei und 4,50 Meter lang und zwischen 1,75 und 2,40 Meter hoch sein.

Wie wichtig es ist, dass die Stockpuppen in einer ansprechenden und bis ins Detail stimmigen Umgebung agieren, hat schon der Theatergründer Johann Christoph Winters erkannt. Davon zeugt ein Skizzenbuch, das Winters zugeschrieben wird. Die noch vorhandenen dreiundvierzig Seiten sind stark verschmutzt und fleckig – sichtbare Zeichen für den täglichen Gebrauch der Kladde.

Zu erkennen sind filigrane Zeichnungen zu Bühnenbildern, Kostümen und Figuren. Winters scheint keine Scheu vor Stilbrüchen gehabt

zu haben. Hugo Borger beschreibt die Zeichnungen in seinem 1976 erschienenen Artikel »Zu einem Skizzenbuch von Christoph Winters«: »*Da begegnet (dem Betrachter, Anm. der Autorin) ein dreischiffiger Saal mit hohen Säulen, Würfelkapitellen, Korbbogengewölben und in den Seitenfeldern Fensternische und Tür mit Giebelverblendungen, wie sie für das 14. Jahrhundert denkbar waren.*«[2]

Ein besonders interessantes Blatt beschäftigt sich mit der »Rampenbeleuchtung« für das Theater. Über einer Jahrmarktbude hat Winters eine Leiste mit dreizehn Kerzen, die von einem gebogenen Schirm geschützt werden, aufgezeichnet.

Eine herrliche Schilderung des früheren Zustandes des Theaters und seiner Wirkung liefert der Bericht eines Zeitzeugen. Die wohl um das Jahr 1847 entstandenen Aussagen von Otto Nettscher sind nachzulesen bei Carl Niessen in »Das rheinische Puppenspiel«. Von Nettscher erfahren wir, dass die Bühne aus drei nebeneinander liegenden Abteilungen bestand:

In der Werkstatt entstehen auch die Bühnenbilder. Hier zaubert Markus Henn ein wenig Wüsten-Atmosphäre auf die Leinwand.

»*Ungefähr in Manneshöhe vom Boden zog sich vor ihr wagerecht (sic!) eine Latte quer durch das Zimmer, an jeder Seite in der Mauer befestigt. Von ihr herunter hing (…) ein dunkelgrüner Baumwollstoff bis auf den Fußboden herab. Er verbarg Spieler und Puppenführer, da diese von unten agirten (sic!). Auf gleicher Höhe hatten sich die Zuschauer das Podium für die Figuren zu denken. Das rechte Drittel zeigte eine offene Dorfstraße, das linke eine Straße der Stadt. Die Mitte, durch einen roten Vorhang noch verdeckt, lag etwa einen Fuß breit zurück, also weit genug, um die Puppen bequem vom Dorfe zur Stadt und vice versa spazieren zu lassen. Die Figuren hatten etwa einen Fuß Länge, die Größe der Pappdeckelhäuser war ihnen entsprechend. An der inneren Fläche der Latte hingen, uns unsichtbar, eine Anzahl kleiner Illuminationslämpchen, die einzige Erleuchtung der ganzen Herrlichkeit.*«[3]

Die Nachfolger von Winters versuchten das Theater in seiner Tradition weiterzuführen. Vieles wie beispielsweise die Hauptfiguren (Hänneschen, Bärbelchen, Tünnes und Schäl, Besteva und Bestemo), der hohe Stellenwert der kölschen Sprache oder der Grundsatz, dass das tagesaktuelle Geschehen in die Stücke eingeflochten werden soll, hat sich bis zum heutigen Tag erhalten. Zu verdanken war und ist dies Männern und Frauen, die mit ihrem ganz persönlichen Einsatz dafür gesorgt haben, dass das Hänneschen auch Krisen überstand – sogar als es nach dem Ende des Zweiten Weltkrieges völlig am Boden lag. Max-Leo Schwering schreibt über den Zustand des Hauses: »*Der ›Hänneschen‹-Theaterbau zerstört, totaler Verlust des Bühnenfundus – nichts konnte gerettet werden. Manches noch fiel Plünderern in die Hände.*«[4]

Schon immer mussten die Ensemble-Mitglieder für den Transport der Kulissen während der Umbaupausen selber sorgen.

So ganz stimmte das jedoch nicht. Von Karl Funck ist die Aussage überliefert, der Mundartdichter Jean Jenniches habe veranlasst, dass in einem Handwagen Puppen aus dem Theater am Eisenmarkt geholt werden sollten. Aber es soll sich nur um minderwertige Köpfe und Rümpfe gehandelt haben.

Wie groß der Verlust war, erfahren wir wieder von Schwering. Er beruft sich auf eine Quelle, die besagt, dass das Hänneschen 1938 »*für etwa 100 Stücke vollständige, kunstvoll ausgeführte Dekorationen, nebst etwa 100 von Künstlerhand geschnitzten Köpfen, rund 400 Kostümchen mit Kopfbedeckung, Perücken und Bärten hat. Ein großer Bestand von Helmen, Säbeln, Diademen, Kronen usw. ergänzte die Ausstattung. An Musikinstrumenten waren 1 Harmonium, 1 Klavier, 1 Akkordeon, 1 Gitarre, vollständiges Schlagzeug mit zwei kleinen und großen Glocken vorhanden*«.[5]

Der Mann des Neuanfangs war Karl Funck. Schon als Vierzehnjähriger kam er zum Hänneschen; das Gewerbe hatte er von der Pike auf gelernt. Von 1948 bis 1980 war er Spielleiter des Theaters. Ganz so traurig, dass der Puppenbestand »futsch« war, war Funck nach eigener Aussage nicht. »*Bei den meisten Köpfen waren die Nasen abgeschlagen, und die Puppen hatten überhaupt keine Schultern.*«[6]

Nach dem Krieg fand Funck mit dem Bildhauer Willi Müller den Mann, der ihm neue Puppen schnitzte. Vom Opernhaus kamen Kostüme, die dort nicht mehr gebraucht wurden, zum Hänneschen. Hier war man dankbar für die Sachen, »die do en d'r Lumpekess loge«.

Die Dekorationen wurden noch bis Anfang der 60er Jahre als Auftragsarbeiten an auswärtige Maler gegeben. Erst der spätere Hänneschen-Werkstattleiter Werner Schulz begann damit, die Bühnenbilder selbst zu gestalten. Unterstützt wurde er dabei häufig von dem inzwischen verstorbenen Puppenspieler Heribert Brands.

Schulz erinnert sich, dass in der Ära Funck Neuanfertigungen eher selten verlangt wurden. Aus finanziellen Gründen. »Die Stadt selver hät dat Hännesche ärg knapp jehalde«, sagte Karl Funck. »Wenn ich ein Stück neu herausbringen wollte, dann aber nicht mit vier neuen Bildern. Das gab es nicht! Dann war das Geld weg.«

Das hat sich in jüngster Zeit geändert. Seit 1988 (unter der Leitung von Heribert Malchers) wurden sechs neue Produktionen pro Jahr auf die Bühne gebracht. Werkstattleiter Ralf Bungarten erzählt, dass dafür maximal 17 neue Bilder gefertigt werden. Für die zwei Abend- und zwei Kinderstücke werden zwischen drei und vier neue Bilder gebaut, dazu kommt eins für die zwei Puppensitzungen. Daraus ergibt sich natürlich eine riesige Herausforderung für Werkstatt, Puppenabteilung und Requisite.

Ideenreichtum ist Trumpf bei der Umsetzung der mitunter recht ausgefallenen Wünsche der Stückeschreiber und Regisseure. Da gehört die Ausstattung einer Apotheke, für die sich Udo Müller bei seinem Hausarzt mit leeren Medikamenten-Schächtelchen eingedeckt hat, noch zu den harmlosen Aktionen. Schwieriger wurde es, als in einem Stück eine Zeitmaschine eine tragende Rolle spielen sollte. Hierfür mussten die Werkstatt-Leute schon fast zu Sperrmüll-Detektiven werden. Gefunden und verwertet haben sie unter anderem: die Kufen eines alten Schlittens, das Gehäuse eines ausrangierten Kassettendecks, mehrere Fahrradlampen und -klingeln sowie die Räder eines Kinderwagens, diverse Schläuche und ein Staubsaugerrohr. Eben alles Details für eine echte Zeitmaschine.

Anmerkungen

1   Aus einem persönlichen Gespräch mit Werner Schulz
2   Hugo Borger in: Kölner Geschichtsjournal 1/76, S. 78 f.
3   Carl Niessen, »Das Rheinische Puppenspiel«, S. 104 f.
4   Max-Leo Schwering, »Das Kölner Hänneschen-Theater«, S. 145
5   Schwering, S. 138
6   Dieses und die folgenden Zitate stammen aus: Karl Funck,
    »Hinger d'r Britz«, Zeitschrift des Fördervereins der Freunde
    des Kölner Hänneschen-Theaters e. V., 1991

Die Kulissenteile müssen stabil und zugleich leicht sein, damit sie relativ problemlos zu transportieren sind.

6

Figuren und Typen im Wandel:

Die Knollendorfer Familie

Frauke Kemmerling

Wenn man genau hinsieht, ist es wie im Märchen. Schwarz und Weiß, Gut und Böse sind die bestimmenden dramaturgischen Mittel, die die Handlung eines Hänneschen-Stücks vorantreiben.

Hänneschen und Bärbelchen, Tünnes und Schäl, Bestemo und Besteva, Röschen und Köbeschen, Schnäuzerkowski und Mählwurm, Speimanes und Zänkmanns Kätt – diese teilweise gewagten »Paarungen« sind kein Zufall. Jede Knollendorfer Figur hat ihren Gegenpol, ihr »Für« und »Wider« – und dazu ihr »böses« und ihr »gutes« Element. Auch in sich selbst.

Jede Figur, jeder Typus entsteht aus vielen kreativen Einflüssen und Wechselwirkungen. Am Anfang ist die Gestaltung der Puppe durch den Puppenschnitzer, danach bekommt sie schon einen Teil individuelle Prägung durch das Schminken. *Was* sie sagen soll, bestimmt eine Autorin oder ein Autor, *wie* sie es sagen soll, die Regisseurin oder der Regisseur – und schließlich erhält sie eine gehörige Portion Persönlichkeit durch die Puppenspielerin oder den Puppenspieler beim täglichen Spiel auf der Bühne. All diese Faktoren sind zu berücksichtigen, wenn man den Figurenkanon des Hänneschen-Theaters, die Knollendorfer Familie, beschreiben will.

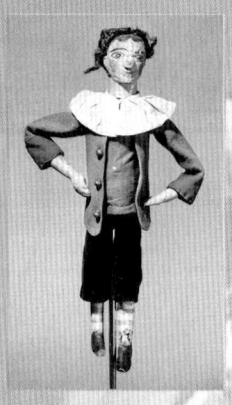
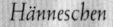

Hänneschen   *Bärbelchen*   *Besteva*   *Mariezebell*   *Tünnes*

chäl   Speimanes   Mählwurm   Mählwurm & Besteva

Apropos »Familie«: Die Verwandtschaftsbeziehungen sind zwar in groben Zügen, aber längst nicht in allen Einzelheiten über die zwei Jahrhunderte konstant geblieben. Das ist eine Beobachtung, die auch schon der Theaterwissenschaftler Hans-Peter Beyenburg gemacht hat, als er von März 1989 bis März 1991 im Theater eine Dokumentation des dortigen Manuskriptbestands der Hänneschen-Stücke seit 1926 erstellte. Sein Ergebnis:

»Bärbelchen« als »Kind« und als »Erwachsene«

»Es gibt in älteren Manuskripten durchaus Abweichungen von der heute mehr oder weniger festen sozialen und familiären Situation der Hänneschen-Typen und der Standardisierung der Rollen. Hänneschen und Bärbelchen treten beispielsweise in den Stücken ›Der Dombaumeister‹ (1930) und ›Die Heinzelmännchen von Köln‹ (1927), beide verfaßt von Jakob Rasquin, als Mann und Frau auf und haben sogar Kinder. Wie auch in Hänneschen-Stücken des 19. Jahrhunderts taucht im ›Düxer Bock‹ von Wilhelm Schneider-Clauß (1927) eine Figur namens ›Steffen‹ als Hänneschens Vater auf. In anderen Stücken übernimmt Besteva, der heute meist als Großvater Hänneschens vorgestellt wird, diese Rolle. Ebenso wechselt die Vater- und Mutterrolle in Bezug auf Bärbelchen in Kinderstücken, die zudem einmal Tochter von Annekatring, Mählwurms Pitter, von Schäl oder Tünnes ist, in neueren Stücken meist jedoch als Tochter oder Enkelchen von Bestemo und Besteva auftritt.

Wie Tünnes in Kinderstücken häufig als Freund und Begleiter von Hänneschen für Turbulenz und Klamauk bei den Abenteuern sorgt, so wichtig und motivierend war und ist in den meisten Spielvorlagen die Figur des Schäl, der als Intrigant, Gauner, Betrüger und Unruhestifter auftritt. Oft ist er der Motor einer Handlung, bringt durch sein negatives Verhalten und kriminelles Tun Bewegung ins Spiel. (…) Interessant ist die Rolle, die Wilhelm Boes Schäl in seinem Hänneschen-Spiel ›Huffat kütt vör dem Fall‹, das zwischen 1933 und 1939 aufgeführt wurde, gegeben hat. Zwar stiftet Schäl hier den üblichen Ärger, er wird jedoch am Ende als gebrochener Mann, als Vater von zwei Kindern, der durch einen Herzanfall körperlich und seelisch aus der Bahn geworfen wird, ungewöhnlich differenziert von Boes charakterisiert. Eine Parallele zu dieser genaueren und damit herausfallenden Figurenzeichnung gibt es in dem 1937 aufgeführten und von ›Tünnes‹-Darsteller Josef Lichtenberg verfaßten Abendstück ›En Hääretour‹. Hier ist es die Figur und Rolle des Tünnes, der durch seine Sensibilität und Verletzbarkeit vom üblichen Klischee des dümmlichen, etwas groben, jedoch liebenswerten Typen abweicht.«[1]

Mit Blick auf diesen ganz und gar nicht klischeehaften Umgang mit den Knollendorfern in der Geschichte der Hänneschen-Stücke versteht man, glaube ich,

die gleich folgende Charakterisierung der Typen besser. Oder sagen wir – es ist leichter, den Charakteren auch noch viele Seiten abzugewinnen, die auf den ersten Blick nicht in ihre »Beschreibung« passen. Aber diese anderen Seiten, die schon entdeckt wurden – wie im Zitat gehört – oder die es noch für Stückeschreiber, Regisseure und Puppenspieler zu entdecken gilt, »verfälschen« nicht das Bild einer Type, sondern machen es interessanter: Die Beziehungen zu den anderen Mitspielern können ausgebaut werden, es entstehen ganz andere Entwicklungsmöglichkeiten für ein Stück.

Drei Wurzeln für die Typenentwicklung

Schaut man in die Historie, so sind mindestens drei Wurzeln für die Entwicklung der Stockpuppentypen im Kölner Hänneschen zu nennen: die Krippe, das Mysterienspiel und das Volksschauspiel sowie die Commedia dell'Arte. So führt es der Historiker Max-Leo Schwering in seinem Buch »Das Kölner Hänneschen-Theater« (1982) an. Wir geben eine kurze Einführung in diese drei Wurzeln, weil sich viele Fragen, die die Figurenentwicklung des Hänneschen-Theaters aufwirft, leichter und anschaulicher beantworten lassen, wenn man die »Herkunft« der Figuren kennt.

Die erste Wurzel: Die Krippe

Die Entwicklung von geistlichen Spielen mit Puppen zur Advents- und Weihnachtszeit hin zu Aufführungen von Puppenspielen mit profanem und sogar komischem Charakter ist um 1780–1800 in ganz Europa zu beobachten, insbesondere aber in Polen, Österreich und Frankreich. So ist es nicht verwunderlich, dass auch das Hänneschen-Theater aus dem »Krippenspiel«, also »Kreppchen«, hervorging. Winters selbst beschreibt diesen Werdegang. Das so genannte »Kreppe-Hännesche« ersetzte einfach die statischen Figuren durch Puppen. Der schon häufiger erwähnte Ferdinand Franz Wallraf bestätigt dies 1811 in einem Epilog zu Winters' »Versen-Buch«. Hänneschen-Forscher Carl Niessen konnte 1937 sogar einen direkten Zusammenhang mit dem Steyrer Krippenspiel nachweisen, von dem das Hänneschen-Theater die dreiteilige

Besteva und Bestemo

Bühnenform übernahm (vgl. Kapitel 2, S. 74). Heute noch künden Hänne-
schen-Krippen zur Weihnachtszeit in Kölner Kirchen von diesen Zusammen-
hängen.

Die zweite Wurzel: Entwicklung zum Volksschauspiel

»›Als späten Abkömmling jener archaisierenden Figuren, die ehedem bei Mysterienspielen und
Prozessionen Verwendung fanden‹, ordnete Günter Böhmer die Exemplare des ›rheinischen Hänneschen-Theaters‹ ein.«[2]

Die Säkularisierung und mit ihr die Ablösung der geistlichen Themen durch
weltliche in der darstellenden Kunst und ihr Ausdruck im Volksschauspiel hinterlässt nicht nur ihre Einflüsse am so genannten »großen« Theater, sondern genauso im Genre des Puppenspiels.

Krippenspiele und Mysterienspiele (Theater- und Tanzszenen des Mittelal-
ters, die vor der Kirche stattfanden) werden erweitert um diesseitige Inhalte sowie um komische Elemente (Faxen und Possen) und rücken in die Nähe des
Volkstheaters. Der unbestrittene Vorteil der »Volkskunst« auf dem Theater ist
die Möglichkeit – ob mit Masken oder mit Puppen –, eine große Freiheit zu ge-
winnen. Puppen dürfen – fast – alles sagen und tun, besonders, wenn sie »Hänneschen« oder »Schäl« heißen!

Die dritte Wurzel: Die Commedia dell'Arte

»Ohne Unterbrechung haben sich während des ganzen 18. Jahrhunderts in Köln ›Italienische
Comoedias‹ eingefunden. Die Crosa, Biagio, Barzanti, Balducci, Mingotti. Im August 1755 ga-
stierten in einer Bretterbude auf dem Heumarkt die ›Churpfälzischen Hoff-Operettisten‹ Sillani
und Bassi im Stil der Commedia dell'Arte. Kein Einzelfall, wie aus dem Urkundenmaterial er-
sichtlich. (...)

Das ›Hänneschen‹ kopierte aus der Rückerinnerung, nahm – wo es sich bot – für seine spezielle Theaterinformation Brauchbares an, bog es ›kölnisch‹ um, worin das Originelle, Schöpferi-
sche lag. Die Commedia dell'Arte mußte anteilmäßig dafür herhalten. Ihre versteckte Improvisa-
tionskunst genauso wie der allseits bekannte Typenkanon.«[3]

»Andeutungsweise bieten sich Parallelen zum Antwerpener ›Poesjenellen Kelder‹ an. Übrigens
nicht nur im Führen der Puppen. Der Name zielt auf die Dienertype ›Pulcinella‹, wie sie die

Schäl und Tünnes

Commedia dell'Arte kennt (…). Und dann die Figuren! Etwa ›De Neus‹ mit auffallend großer Nase, im Gemüt einfältig gutgläubig. Dazu das bezeichnende Textil: nämlich blauer Kittel und rotes Halstuch. ›De Schele‹ schielt und stottert, könnte demnach ›Schäl‹ und ›Speimanes‹ in einer Person vorwegnehmen.« [4]

Alle drei Einflüsse können auf kölnischem Boden wurzeln und entwickeln sich zu einer neuen Pflanze. Johann Christoph Winters hat sozusagen eine Marktlücke entdeckt und baut seine Idee weiter aus: die Verbindung christlicher Mysterienfiguren mit eingekölschten Commedia-dell'Arte-Charakteren in einem Bühnenbild, das sich aus dem Krippenaufbau entwickelt hat. Eine etwas gewagte Verkürzung, die aber die Mischung der geistlichen und weltlichen Einflussfaktoren deutlich macht, die bis heute so wichtig ist für das Hänneschen-Theater.

Die Knollendorfer

Der Hänneschen-Forscher Carl Niessen kommt zu einem recht unsicheren Ergebnis:

»Wer die Figur des Hänneschen und seiner Bauernsippe wirklich erfunden hat, ist nach allem nicht mit Bestimmtheit auszumachen. Wahrscheinlich hat eine Wechselwirkung stattgefunden, bis Winters allein das Feld behauptete und das Verdienst erwarb, eine sichere Familienüberlieferung zu gründen.« [5]

Hänneschen

Fünfzig Jahre später hört sich das von Max-Leo Schwering so an:

»Zur Ensemble-Standardisierung, wie sie jetzt üblich ist, kam das Hänneschen erst im Jahre 1925. Es bleibt abzuwarten, was daraus in Zukunft wird. In der Frühzeit (1824) gab es noch Sekundärfiguren, Randtypen. So zum Beispiel Hänneschens Vater ›Steffen‹ (Stephan), den Nachbarn ›Dores‹ (Theodor). Die Frau des Tünnes trat als ›Annekatring‹ (Anna-Katharina) auf. ›Jungfer Drückchen‹ (Gertrud) als Dienstmagd vom Lande.« [6]

1991 wurden im Hänneschen-Buch »Hinger d'r Britz« zehn Typen als Standardfiguren beschrieben: Hänneschen, Bärbelchen, Tünnes, Schäl, Bestemo,

Besteva, Speimanes, Schnäuzerkowski, Mählwurm und Annekatring. Heute ist die Rolle der Annekatring ganz in den Hintergrund getreten und dafür die der Zänkmanns Kätt in den Vordergrund.

1988 wurde Köbeschen als Sohn von Tünnes geboren, 1992 Röschen als Tochter von Schäl. Die zwei rotzfrechen Pänz bereichern seitdem den Typenkanon und gehören genauso zu den Knollendorfern wie die »ursprünglichen« Figuren. Mittlerweile sind es also zwölf Typen, die als Standardfiguren nachgewiesen werden können. Eine lebendige Entwicklung, die auf die oben beschriebenen verschiedenen kreativen Einflüsse zurückzuführen ist.

Hänneschen und Bärbelchen

»Sowohl die Typen der Commedia dell'Arte als auch die des Hänneschen-Theaters sind Produkte ihrer Zeit und ihrer Umgebung. Sie können daher nicht auf einen Nenner gebracht werden. Dennoch fallen Ähnlichkeiten auf. So z.B. die Figuren Harlekin und Hänneschen. Beide sind zentrale komische Figuren inmitten ihrer Sippschaft. Beide treten als Diener auf. Sie repräsentieren in dieser Rolle den zwar armen, aber schlauen, witzigen Mann aus dem Volke (…). Fährt man mit dem Vergleichen beider Theaterformen fort, so könnte man die Rolle der Columbine mit der des Bärbelchens gleichsetzen. Sie sind häufig Dreh- und Angelpunkt aller Intrigen.« [7]

Harlekin, Kasper, Lustigmacher, Hanswurst – das alles sind, wenn man so will, Halbbrüder der Hänneschen-Figur. Die jedoch hat den unbestreitbaren Vorteil, über ein Zuhause und damit eine wesentlich bessere Identifikationsgrundlage zu verfügen: das kölsche Milieu.

Johannes Knoll, genannt **Hänneschen**, ist ein Junge oder junger Mann, der anstatt bei den Eltern bei den Großeltern, dem Ehepaar Maria-Sybilla (Mariezebell) und Nikela Knoll, lebt. Seine Welt wird bestimmt durch die Kappesboore von Knollendorf. Voller Tatendrang und Neugier gerät er in immer neue Abenteuer. Seine frische, jugendliche, aber auch schlaue und unkonventionelle Art, Lösungen für Alltagssorgen oder für größere Probleme zu finden, lässt ihn immer wieder

auf die Füße fallen. Sein quirliges Wesen wird unterstrichen von seiner Zipfelmütze in den kölnischen Stadtfarben Rot-Weiß, die durch das Geschick des
Puppenspielers seinen positiven Aktionismus unterstreicht.

Die Zipfelmütze war übrigens nicht immer da: »*Heinrich Königsfeld erinnert sich,
dass Hänneschen vor 1870 noch als einziger eine weiße Zopfperücke trug (…)*«[8], so Niessen.
Und weiter: »*Als Bekleidung des Rumpfes nennt Hänneschen selbst das ›Kruffes‹, das wolle-
ne ärmellose Wams der Kappesbooren. (…) Später soll Hänneschen schwarze Kniehose, weiß-
rot geringelte Strümpfe, rote Weste und langen blauen Dienerrock getragen haben. (…) Kurz
nach 1870 wurde das Kostüm umgewandelt: kurze blaue Tuchjacke (mit roten Ärmelaufschlä-
gen), rote Weste mit goldenen Knöpfen, weiße Pumphose, rot-weiß geringelte Strümpfe. Die rot-
weiß geringelte Zipfelmütze auf seinem jetzt kurz geschnittenen schwarzen (neuerdings fuchsigen)
Haar ist vielleicht schon das in den Versen (›Versenbuch‹ von Winters, Anm. der Autorin) erwähnte ›wölle Mötzche‹ gewesen. So erschien er bei Königsfeld, Klotz und zuletzt noch bei Hamacher (…).*«[9]

An Hänneschens Seite stets dabei ist seine Schwester oder Verlobte Barbara
Knoll, genannt **Bärbelchen**. So, wie ihre langen blonden Zöpfe fliegen, so ener-
gisch kann sie auch sein. Wenn es Hänneschen zu weit treibt, bremst sie ihn
entweder mit Koketterie oder Ängstlichkeit. Das Bärbelchen der Gegenwart
hat immer mehr an weiblichem Selbstbewusstsein gewonnen, ohne »emanzen-
haft« zu wirken. Und Hänneschen gefällt's!

»*Das schnippische Wesen (bleibt) ihr eigen, ob sie nun als Hänneschens Braut in den ›Narren
von Dülken‹, im ›Faust‹ oder ›der Kölner Kirmes‹ erscheint. (…) Bärbel trägt die kleidsame
Bäuerinnen-Tracht: roten Rock mit umlaufenden schwarzen Streifen, schwarzes Mieder über
weißer Bluse, kokettes Halstuch und weißes Schürzchen. Appetitliche Apfelbäckchen zeichnen sie
aus, und mit ihrem gespitzten Schnütchen und gerümpften Himmelfahrtsnäschen verkörpert sie
das in Versen festgelegte kanonische Schönheitsideal des alten Köln und erinnert manchmal – man
verzeihe! – an das Lächeln der rheinischen Reliquiarjungfrauen.*«[10]

Das Paar Hänneschen und Bärbelchen vertritt im Grunde das Gute, das Gradli-
nige – oder wenn man so will, die menschliche Wahrheit eines Stücks. Sie sind
die Keimzelle des Happy-Ends, auf das jede Dramaturgie im Hänneschen hin-
steuert.

Besteva und Bestemo

Nikela und Mariezebell Knoll sind die Großeltern des Geschwisterpaares Hänneschen und Bärbelchen – oder auch nur von Hänneschen, dem Junggesellen. So intensiv sie sich streiten, so abhängig sind sie auch voneinander. Das Sympathische an diesem alten Ehepaar ist der gegenseitige Wunsch, den anderen nach (wahrscheinlich) über fünfzig Ehejahren immer noch ändern zu wollen. Er kritisiert an ihr das zänkische Wesen und ihre fortwährenden Unterdrückungsversuche (»ahl Zang«), sie kann es nicht lassen, ihn wegen seiner Liebe zum Schabau zu rügen, und geht nicht gerade zimperlich mit seinen »Altersbeschwerden« – Glatze und Schwerhörigkeit – um (»ahle Plaatekopp«).

Eigentlich will Besteva nur seine Ruhe – und da er die meistens zu Hause nicht haben kann mit dieser Frau und diesen Enkelkindern, geht er zu Mählwurms Pitter an die Theke. Und gibt dort Geld aus, das nicht vorhanden ist. Und schon hat Mariezebell wieder einen Grund für ihre zänkische Zurechtweisung.

Besteva im Biedermeierkostüm, mit Weste, braunem Gehrock, brauner langer Hose und grauem Zylinder – die äußerliche Erscheinung könnte vermuten lassen, dass er über Autorität verfügt. Das aber ist ein Trugschluss, den jede Äußerung von Mariezebell weiter aufdeckt. Und so ergibt er sich auf seine Weise in sein Schicksal.

»Er verdient wirklich den Beinamen ›der ahle griese Spetzbov‹, mit dem ihn sein zärtlicher Enkel bedenkt, und Hänneschens Eigenschaften scheinen durchaus unter dem Gesetz der Vererbung zu stehen. Bestevas großer Schabau-Durst befindet sich zu dem verfügbaren Bargeld in misslichem Verhältnis. So müssen denn Kniffe aushelfen, um zu Mählwurms Feuer-

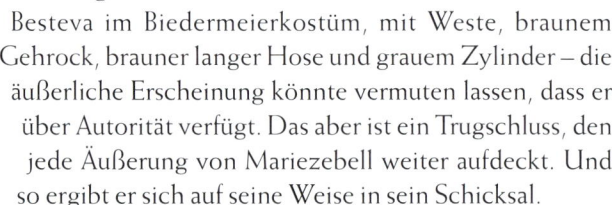

wasser zu gelangen, das er mindestens so liebt wie Hänneschen sein Feuerwerk.« [11] Weiter: »*Wie im Hänneschen so stecken auch in dem alten poltrigen Saufaus ›Besteva‹ viele rheinische Züge, ein sorglos heiteres In-den-Tag-hinein-Leben und eine auch im Alter nicht leicht zu störende Genussfreudigkeit, die sich nun von der Liebe hauptsächlich auf den Alkohol wendet: in der Zeit der kölnischen Weingärten zum Wein, dann zum Schabau, der mit Litern geholt wird wie Bier eimerweise. Hat auch seine Zunge eine kappesbäuerliche Schwere, so ist er doch um passende Ausreden nie verlegen, zumal wenn es gilt, sich an der Arbeit vorbeizudrücken oder seine Wirtshausabenteuer zu vertuschen.*« [12]

Äußerlich haben sich die Gesichtszüge dieser beiden Figuren gewandelt. Besonders bei der Mariezebell ist zu beobachten, dass die hexenhaften, bösartigen und teilweise entstellten Züge (Zahnlücken etc.) dem Gesicht einer energischen, aber herzensguten alten Frau gewichen sind. Hinter der harten Schale ist heute der weiche Kern gut zu erkennen. Und gepflegter sieht sie auch aus. Zur (seltenen) Freude von Nikela.

Tünnes und Schäl

Eine wunderbare, beinahe romanhafte Beschreibung der historischen Situation um 1800 liefert Carl Niessen:

»*Der Halbkreis der Mauern barg ein seltsames Gemisch von städtischer und dörflicher Kultur. An der inneren Peripherie der Stadt lagen zahlreiche Gemüse- und Weingärten, die noch z.Zt. der Begründung der Puppenspiele mehr als ein Drittel der Bodenfläche einnahmen. Wenn der Reisende ein Tor der Landseite passiert hatte, konnte er glauben, auf einem Dorfe zu sein. Hohe Misthaufen türmten sich vor altersschwachen Fachwerkhäusern mit Ziegel- und Strohdächern, wie sie das ›Dorf‹ des Hänneschens widerspiegelt (…).*« [13]

Am deutlichsten zeigt sich dieser Knollendorfer »Stadt-Land-Konflikt« zwischen Kappesbooren und Stadtbewohnern in den Figurenzeichnungen von **Tünnes**

(Antonius) und **Schäl** (Schieler) – sowohl in der Kleidung wie auch in typischen Verhaltensweisen.

Im Gegensatz zum bäuerlichen Erscheinungsbild von Tünnes – blauer Fuhrmannskittel, weiße Drillichhose, rotes Halstuch und grobe Holzklumpen an den Füßen –, das abgeleitet werden kann von der historischen niederrheinisch-flämischen Kleidung der Bauern, ist Schäl meistens bürgerlich-stadtfein gekleidet – oder wie man heute sagen würde: im »Business-Look«. Stets darauf bedacht, auf den ersten Blick für andere einen perfekten Eindruck zu machen und vertrauenswürdig zu erscheinen, kann Schäl sich im Schutze dieser »Verkleidung« die besten Geschäfte und Intrigen ausdenken. Immer eilig, immer voller Pläne und mit allen Eigenschaften des modernen stressgeplagten Menschen ausgestattet, stößt Schäl bei Tünnes nur auf gutmütiges Unverständnis – denn ihm ist der Seelenfrieden, meist mit einigen Gläschen Schabau herbeigeführt, wesentlich wichtiger als alle eiligen Termine der Welt zusammen. Seine Uhr geht langsamer und richtet sich eher nach dem Stand der Sonne, wie auf dem Land üblich, als nach der knapp bemessenen Zeit des städtischen Geschäftsmannes Schäl.

Im Gegensatz zum Tünnes, der schon zu Winters' Zeiten zum Typenkanon gehörte, entstand der Schäl erst, als Franz Andreas Millewitsch 1847 als Konkurrent in Winters' Leben trat. Christoph Winters »erfand« diese Figur als Parodie auf den talentierten Puppenspieler und offenbar hartnäckigen Geschäftsmann auf der »Schäl Sick« – denn Millewitsch durfte nicht im Stadtgebiet spielen, sondern musste sich anfangs mit einem Standort in Deutz begnügen.

Und eigentlich sind beide keine geborenen Kölner, sondern vielleicht die berühmtesten »Imis«, die man sich denken kann. Tünnes spricht (ursprünglich) das landkölnische breite Platt mit dem charakteristischen gerollten »R« der Kappesbauern. Schäl dagegen *»gibt sich ohnehin nicht als typischer Kölner. Wenn er wichtig tut, spricht er sogar ein hartes, etwas unsymphatisches Hochdeutsch (mit Knubbelen natürlich)«.*[14]

Dumm ist Tünnes keineswegs, auch wenn sein Äußeres mit dem riesigen roten »Nüggel« und der fussigen »Perrück« es manchmal so scheinen lässt. Und der schwarzhaarige, eher südländisch wirkende Schäl ist nicht immer schlau, denn häufig geht seine Rechnung nicht auf, weil ihm die Ehrlichkeit der anderen und das funktionierende soziale Gefüge in Knollendorf ein Schnippchen schlagen. So muss am Ende der schäle Filou meistens Abbitte leisten. Aber nur bis zum nächsten Stück.

Doch so schwarz und weiß, Tünnes als gut und Schäl als böse zu bezeichnen, kann man diese Figurenbeschreibung nicht abschließen. In der Grundtendenz ist dies sicher richtig, aber die Überlegung darf gestattet sein, warum sich ein ständig angetrunkener, häufig als arbeitslos geschilderter, schwerfälliger Mensch, der sich von Zeit zu Zeit herzlich wenig verantwortungvoll um seinen Sohn kümmert, trotzdem immer der Sympathie des Publikums gewiss sein darf?

Die Antwort findet sich bei Tünnes wie bei Schäl in der hohen Identifikationsmöglichkeit mit den Charakterschwächen der beiden. In jedem Kölner stecken »Tünnes-und-Schäl-Anteile«. Das macht dieses gegensätzliche Paar so spannend.

Und bei allen Gegensätzen gibt es allerdings eine sehr wichtige Gemeinsamkeit: die Liebe zu ihren Kindern – als alleinerziehende Väter – mit allen Schwierigkeiten, die sich daraus für den Alltag ergeben. Denn weder Röschen, Schäls Tochter, noch Köbeschen, Sohn von Tünnes, haben eine Mutter. Sie haben nur ihre Väter und ihre Freundschaft. Und Knollendorf.

Röschen und Köbeschen

Die neue Generation wird zu Typen: **Köbeschen** Schmitz (Tünnes heißt in den meisten Stücken »Anton Schmitz«) und **Röschen** Schäl machen ihren Vätern alle Ehre. Ihre Namen klingen harmloser, als sie selbst es sind. Einzeln sind die beiden auch nur halb so schlimm, aber wehe, sie hecken zusammen ihre Streiche aus oder kriegen sich in die Köppe – dann fliegen die Fetzen, und nichts und niemand wird verschont. Köbeschen, Sohn von Tünnes und nicht selten von Schäl als »Breimuul« beschimpft, und seine Feind-Freundin Röschen, von ihrem Vater auch schon mal respektvoll »Killerzwerg« genannt, provozieren schamlos die Schadenfreude des Publikums. In ihrer respektlosen Art sind sie so ungeniert und direkt, dass man die kleinen Ungeheuer einfach lieben muss. Sie kommen mit jeder Unverschämtheit durch und genießen eine Nachsicht, die nur Kindern gewährt wird.

Sowohl aus den Abend- als auch aus den Kinderstücken sind sie seit einigen Jahren nicht mehr wegzudenken und haben sich zu festen Typen entwickelt – nicht zuletzt durch ihre Puppenspielerinnen Stefanie Brands und Renate Vesen.

Mit dem Jahr 1988 beginnt ihre Entstehungsgeschichte. Denn da fing alles an, im Geburtsjahr von Köbeschen, mit der Aufführung von »Drei Daach alt Kölle«. Der Autor der Ursprungsfassung »Drei Tage aus dem Kölner Leben« aus dem Jahre 1897 heißt Wilhelm Millowitsch senior. Sein Enkel Willy Millowitsch spielte später auf der eigenen Bühne den Tünnes, Thommy Engel (früher Bläck Fööss) seinen Sohn, das Köbeschen. Als Hans Friedrich dieses Stück für das Hänneschen bearbeitete, gab es zum ersten Mal das Köbeschen als Sohn von Tünnes in einem Hänneschen-Stück. In »Lück em Huus« (1990 und 2001/2003 lehrt Köbeschen als Anführer einer Kinderbande die Erwachsenen das Fürchten.

Und dann, im Frühsommer 1992, entstand die Idee zur Tochter von Schäl. Im damals noch geöffneten Biergarten »Beim Hänneschen« auf dem Eisenmarkt schufen Spielleiter Heribert Malchers die Figur und »Besteva« Heinz Becker den Namen: Et »Rösche« sollte von nun an Schäls Tochter und Köbeschens Weggefährtin sein. Ihr erster gemeinsamer Auftritt folgte in »Heinzelmännncher – Die Rückkehr« (1992).

Die Verbundenheit der beiden zeigt sich immer wieder und hauptsächlich in ihrem gemeinsamen Angehen gegen Schäl. Röschen und Köbeschen schlagen die Erwachsenen mit ihren eigenen Mitteln – zum stetig steigenden Vergnügen des Hänneschen-Publikums.

Speimanes und Zänkmanns Kätt

Klein, aber oho – kann man bei diesen beiden Figuren nur sagen.

Wollte man es hochdeutsch ausdrücken, so müsste der **Speimanes** »Spuckender Hermann« heißen. Mit seiner feuchten Aussprache, seinem Stottern und seinem Buckel reizt er allein schon durch seine äußere Erscheinung zum Lachen. Wie er seine kurzen Beinchen schmeißt, wenn er es eilig hat, oder sich vor Verlegenheit den Allerwertesten reibt, wie er

mit Kindern, Tieren oder Gegenständen – gleichermaßen »auf ihrem Niveau« – spricht, wie er seine Schwächen gekonnt überspielt, auch anderer Leute Fehler nicht so ernst nimmt oder diese erst recht laut prustend kommentiert:

»Ohne daß sich die Ausbildung des Typs in den Texten verfolgen läßt, haben sich in ihm eine Reihe körperlicher Gebrechen vereinigt. Er stottert, hat einen ungeheuren Höcker und schielt, wie seine Beinamen ›der Pucklige‹ oder ›Schäle Manes‹ und ›Speimanes‹ anzeigen. In den (18)70er Jahren heißt er noch Hermann Lappleder, später auch ›Quanzius‹, beides mit Verschlußlauten, die explosive Spuckwirkungen ergaben.«[15]

Schwering vermutet ihn schon zu Winters' Zeiten als »Ensemblemitglied«, aber ein fester Zeitpunkt oder ein Datum für die Aufnahme in den Figurenkanon liegen nicht vor:

»Die körperlichen Gebrechen trägt unser Held nicht nur mit Fassung, (er) hält sie für ein Gütezeichen. (…) Nichts Gehässiges oder gar Niederträchtiges dreht man dem Speimanes aufgrund dieser körperlichen Mängel an. Im Gegenteil. Man schätzt des Manes ausgleichendes, gewitztes Temperament, seine Lebensklugheit, Souveränität kraft körperlicher Untauglichkeit.«[16]

Noch während des 19. Jahrhunderts bis in die 20er Jahre des 20. Jahrhunderts war der Manes eigentlich gar nicht so klein von Statur. Zu seiner jetzigen »Größe« und Körperform hat er erst im Laufe der 1930er Jahre gefunden – wie die meisten anderen Typen des Ensembles auch.

Manes hatte vor dem Zweiten Weltkrieg auch einen festen Beruf: Er war Bäcker. Karl Funck erinnert sich, dass Manes »Knudel« gerufen wurde:

»Zum einen bedeutet es ›Knödel‹, auch ›klumpiges Brot‹ oder Gebäck, zum anderen ist es ein Spitzname für Bäcker und bedeutet außerdem ›undurchsichtige Verhältnisse‹, wie es Professor Wrede sagt, ›Jeknudels‹.[17]

Speimanes als Literat der Puppensitzung

Speimanes des Theaters Klotz

Eine besonders intensive Prägung erhielt der Speimanes durch den Puppenspieler (und Spielleiter von 1948 bis 1980) Karl Funck, der ihn – unter anderem

auf Anregung von Heinz Plinke, der den Manes in den »normalen« Stücken spielte – als Literaten in der »Puppensitzung« im Karneval etablierte. Bis heute erhalten und berühmt ist sein traditionelles Spiel, das stets ein gutes Ende findet mit dem Ausruf: »Hääärr Pppräsident – die Woosch!«

Der Manes nimmt sich selbst nicht so wichtig, ist aber gleichzeitig auf seinen Vorteil bedacht. Er schlägt sich häufig auf die Seite der Schwächeren, möchte aber auch gern auf der Seite der Gewinner stehen. Auch er hat in sich seine Widersprüche. Oft jedenfalls kann er durch seinen ausgeprägten Gerechtigkeitssinn helfen, dass alles wieder in Ordnung kommt, was im Verlauf eines Stücks aus den Fugen geraten war.

Die Entwicklung der Figur wurde immer auch beeinflusst durch den jeweiligen Spieler. Bei Heribert Brands bekam der Manes melancholische Momente und eine wunderbar tragische Komik. Auch der aktuelle Manes-Darsteller, Charly Kemmerling hat der Figur eine neue Komponente hinzugefügt. Mit wortspielerischem, selbstironischem wie selbstbewusstem Humor singt sich der Manes seit 1995 seine Gefühle von der Seele. Kemmerling hat mit den Manes-Liedern einen eigenen Stil gefunden; nicht nur in der Interpretation, er schreibt auch die Texte. So, wie er seit seiner »Amtsübernahme« der Manes-Figur auch die alljährliche Frage von Sitzungspräsident Schäl »Wo es die Woosch?« mit eigens erdachten und inszenierten Spielszenen beantwortet. Die »Blutwurst« entlarvte sich in Kemmerlings »Wooschpräsentationen« beispielsweise als versehentlich mit Helium gefüllte und zum Himmel aufsteigende Ursache für die Sonnenfinsternis von 1999 oder im Jahr 2000 als fetttriefend brennender Olympischer Ring in Sydney. Ein anderes Mal erwies sie sich als die einzig wahre Kölner Dom-Reliquie im Dreikönigenschrein.

Übrigens: Die »Blutwurst« fungiert bei den Sitzungen der Knollendorfer als preiswerte Auszeichnung für auftretende Karnevalisten. Ein Relikt aus Zeiten, in denen für aufwändige Orden kein Geld da war. Preiswert ist sie aber nicht nur von ihren Bestandteilen her (Blut und Fett), sie wird auch jedem, der sie gerade noch verliehen bekam, an der Saaltür vom Manes wieder aus den Händen oder – wenn es sein muss – auch aus den Zähnen gerissen … damit auch der nächste Künstler in den vermeintlichen Genuss des nahrhaften Ordens kommen kann. – So viel zur Geschichte der »Woosch« oder Kölschen »Flönz«.

In diesen Szenen und Liedern hat es »bewegende« Begegnungen mit Manes' weiblichem Gegenstück **Zänkmanns Kätt** gegeben. Auch sie erfreut sich einer nicht geringen Narrenfreiheit. Die Figur spiegelt den Charakter einer in die Jahre gekommenen Frau wider, die genau das Alter erreicht hat, in dem man zu ihr sagt: »Junge Frau, kann ich Ihnen behilflich sein?!« »Kätt« hat mit nix was am Hut, ist ganz schön frech, hat aber das Herz auf der Zunge. Eigentlich ist sie eine ganz normale alte Frau, die aber etwas moderner denkt und das auch in die Tat umsetzt und mit Vorliebe Leute zum Narren hält. Dabei ist sie nicht link und hinterhältig, sondern eher ein direkter und ehrlicher Charakter. Aber sie nutzt auch den Respekt der Gesellschaft aus, der älteren Leuten im Allgemeinen entgegengebracht wird, und verhält sich dann so gegen die Erwartung oder am Rande der »Anständigkeit«, dass es zum Schreien komisch wird.

»Zänkmanns Kätt« hieß in früheren Jahren und Stücken »Frau Kääzmann« und wurde häufig gespielt vom ehemaligen Besteva und jetzt pensionierten Hans Friedrich.

1993 verkörperte Speimanes-Darsteller Heribert Brands in einem Weihnachtsstück einmal mit herrlich gebrochener Stimme die alte »Frau Kääzmann«, während Charly Kemmerling als sein Nachfolger hier den Speimanes spielte. Heribert Brands sollte als Frau Kääzmann einen Weihnachtsbaum kaufen. Aus jahrelanger »Manes-Gewohnheit« verfiel er dabei ins Spucken und Stottern und fragte: »Wwwat sull dat Bbbäumche dann koste?« – Geistesgegenwärtig stellte Kemmerling als Manes dem prustenden Kollegen, der den Weihnachtsbaumverkäufer spielte, die Frage: »Wwwellt ihr minger Mutter nit bal ens dä Pppries vun däm Bbbäumche sage?« – so die Erinnerung von Inge von der Lohe vor ihrer festen »Kätt-Zeit«.

Wir lassen es dahingestellt sein, ob die zwei verwandtschaftlich verbunden sind. Auf der Knollendorfer Bühne sind sie jedenfalls ein schönes Paar.

Schnäuzerkowski und Mählwurm

»Die Figur des ›Schnäuzerkowski‹ ist der Kölner Stadtgeschichte in besonderer Weise verpflichtet. Ihr merkwürdig klingender Name zielt aufs Preußische, Ostelbische. Doch gibt es eine andere, nicht minder wichtige Komponente.

›Schnäuzerkowskis‹ *Vorgänger kam nämlich aus den Regionen weit westlich des Rheins und stellte sich als* ›Här Kummessär‹, *auch als* ›Musjö Amtmann‹ *der französischen Besatzungs-macht nach 1794 dar.*«[18]

Der »Schutzmann« ist also die Personifizierung der herrschenden Macht, sei es die der französischen Besatzer oder die der Preußen ab 1815. Seine häufig halb-herzigen Auftritte, um für Ordnung zu sorgen, wirken allerdings nicht sehr angsteinflößend. Mehr um pünktlichen Feierabend bemüht, berlinert er sich heute in die Herzen der Knollendorfer und des Publikums. Die preußische Au-torität verliert sich in den Stücken der Gegenwart in einer eher allgemeinen Funktion, dem zu ausgelassenen Treiben der Knollendorfer Einhalt zu gebieten oder den Halunken Schäl in seine Schranken – oder hinter Gitter – zu verwei-sen. Die ursprünglich politisch-historische Dimension ist in den Hintergrund getreten. Eher vertritt heute der »Schnäuzer« die »Alibirolle« des Ordnungs-hüters, damit sich die Gemeinschaft in Knollendorf als ordentliche Gesellschaft fühlen kann. Seine Leibesfülle, der nur noch symbolische Säbel und die Unifor-mjacke in Preußisch-Blau, kombiniert mit einer modernen Deckelmütze (an-fangs trug er eine Pickelhaube), sind eigentlich nur noch Relikte der Autorität, die er mal hatte. Heute tritt er meistens in der Polizeiuniform der Gegen-wart auf.

»›**Mählwurms Pitter**‹« stieg eigentlich erst im Theater Klotz und Mil-lowitsch zum Charakterkopf auf. Ursprünglich war er in anderem Metier tätig: als Müller nämlich. Darauf zielt der Name. Denn der ›Mehlwurm‹ meint die Mehllarve. Sie nistet in altem, verschim-meltem Mehl. Unser Pitter hat es bei seiner Arbeitsscheu so weit kommen lassen.«[19]

Bei Winters gab es diese Figur als Type noch nicht, aber die Sze-ne »Kölsche Weetschaff« natürlich. Sie ist durch alle Zeiten hindurch Treffpunkt und Knollendorfer Zentrum geblieben – vor allem für die männlichen Figuren. Im 19. Jahrhundert bei Klotz trug der »Mählwurm« die »Zap-pes-Tracht« der Kölschen Köbesse. Davon ist heute nichts mehr geblieben: Er trägt eine dunkle Bundhose, weiße Strümpfe, grüne Jacke, schwarzes Käppchen und einen braunen ledernen Schurz.

Die Knollendorfer Familie: Im Bösen und im Guten

Die Gemeinschaft der Knollendorfer erzeugt eine ungeheure Sympathie, die sich beruhigend und motivierend auf das Publikum auswirkt. Die Knollendorfer sind, wenn man so will, zum Ende eines jeden Stücks die Verkörperung der »Kölschen Gelassenheit«, wie sich Otto Kasten ausdrückt.[20]

Alle Erscheinungen aber, die sich in der »wirklichen« Welt finden, machen auch vor der erfundenen Welt Knollendorf nicht Halt. Stücke mit unmissverständlich antisemitischem und rassistischem Inhalt werden in den 20er, 30er und 40er Jahren auf der Bühne am Eisenmarkt gespielt. Insgesamt handelt es sich um neun Stücke, die zwischen 1933 und 1940 das nationalsozialistische Gedankengut transportierten. Dr. Josef Klersch vom Amt für kölnisches Brauchtum sah nach Kriegsende all diese Stücke unter diesem Aspekt durch. Das Stück »Bäckermeister Soortätsch« von Martin Däntler aus dem Jahr 1940 beurteilte er mit dem Satz: »Das Stück hat NS-Tendenz. Absetzen.« Doch gerade dieses Stück hat auch nazi-kritische Passagen:

»*Schäl: Ja, ich gevven zo, ich wor e Firke vun e nem Minsch –. Doch egal, wä fädig gebraht hätt, – en der Kess hatt ich Zick mich zo besenne un ich ha'mer geschwore, wann ich lebendig widder us der Kess köhm, ne Minsch zo sinn dä en dä Zick vun bück pass.*

Tünnes: Hurra! De Partei hätt e neu Mitglied!«[21]

Einige Stücke dagegen kommentierte Klersch mit »veraltet und nicht mehr spielbar«. So z.B. auch »Die gestolle Kaiserkett« von Hans Schumacher aus dem Jahr 1937 (Erstaufführung 1939). Dass sich hinter »veraltet« in diesem Fall eindeutig Dialoge im Nazi-Jargon verbergen, zeigt das folgende Originaltextzitat. Es handelt sich dabei um einen Wortwechsel zwischen der Figur »Itzig« (ein Schimpfwort für »Jude«) und Mariezebell.

Mariezebell:	*Wat han ich en Woot em Liev. Ich ben am koche. Dr ehschte,*
	dä mer en de Quer kütt, muss dran gläuve.
	(Itzig kommt schleichend näher)
Itzig:	*Ah, schöne gute Abend, Frau Kastellan. Ist der Herr Gemahl nicht da?*
Mariezebell:	*(schrickt zusammen, sie hat den Juden nicht gehört kommen)*
	Watkutt ehr he su angekroche wie ne Ränwurm. Wat wullt ehr von
	mingem Mann?
Itzig:	*Nu, warum so aufgeregt. Ich meine ja nur so.*
Mariezebell:	*Mer wolle met üch nix zo dun han. Wäge minger got nohm Düvel singer*
	Grossmutter, die waat ald lang op üch. [22]

Im Gegensatz zu Klersch beurteilt Hans-Peter Beyenburg gerade dieses Stück als »erschreckendes Beispiel für die Gleichschaltung und Instrumentalisierbarkeit des Kölner Puppentheaters während der NS-Zeit.« Beyenburg weiter: »*Während gerade zu dieser Zeit, in der das Stück herausgebracht wurde, die unmenschliche Vernichtungsmaschinerie der Nazis den Völkermord an den Juden durchführte, wird im Hännes-chen-Theater die Figur des Itzig dem Publikum exemplarisch als verbrecherischer Anstifter, Ausbeuter und Halsabschneider vorgeführt.*« [23]

Dem bleibt nur hinzuzufügen, dass die Stücktexte dieser Zeit sowie die Kommentierung von Hans-Peter Beyenburg wichtige Dokumente gegen das Vergessen sind.

Die Geschichte des Theaters ist auch an diesen dreien nicht spurlos vorüber gegangen: Schnäuzerkowski, Speimanes und Mählwurms Pitter.

Anmerkungen

1   Aus: »Hinger d'r Britz«, Ausgabe 2, Juni 1991, S. 9

2   Schwering 1982, S. 26

3   Schwering 1982, S. 71

4   Schwering 1982, S. 31

5   Niessen, 1928, S. 35

6   Schwering 1982, S. 31

7   Aus: Iris Schlüter: »Zur Entwicklung und Situation des Kölner Hänneschen-Theaters, München 1988«, S. 12

8   Niessen, 1928, S. 49

9   Niessen, S. 50

10 Niessen, S. 61

11 Niessen, S. 52

12 Niessen, S. 55

13 Niessen, 1928, S. 41

14 Gérard Schmidt, In: Das Magazin, 2/84

15 Niessen, 1928, S. 58

16 Max Leo Schwering, Programmheft 1 u. 2, 1978

17 zitiert nach Stefan Volberg im Buch »Hinger d'r Britz« 1991, S. 15

18 Max-Leo Schwering, »Die Knollendorfer vorgestellt, 8. Schutzmann Schnäuzerkowski«, Programmheft Nr. 1–2 1979

19 Schwering, S. 55

20 Kasten, Otto: »Das Theater in Köln während der Franzosenzeit« (1794–1811), Bonn 1928, S. 7

21 Däntler, Martin: »Bäckermeister Soortätsch«, 1940. S. 35/36. Alle Stücktexte (soweit vorhanden) befinden sich im
    Manuskriptarchiv des Hänneschen-Theaters am Eisenmarkt und können eingesehen werden. Fehlerhafte Schreibweisen wurden
    beim Zitieren nicht korrigiert.

22 Schumacher, Hans: »Die gestolle Kaiserkett«, 1937. S. 15.

23 Beyenburg, Hans-Peter: »Hänneschen-Stücke 1926–1990. Dokumentation über den Manuskriptbestand der
    Puppenspiele der Stadt Köln«. (2 Bände) Köln 1991. Hier wurde zitiert aus Band 2, Beurteilung zu »Die gestolle Kaiserkett«.

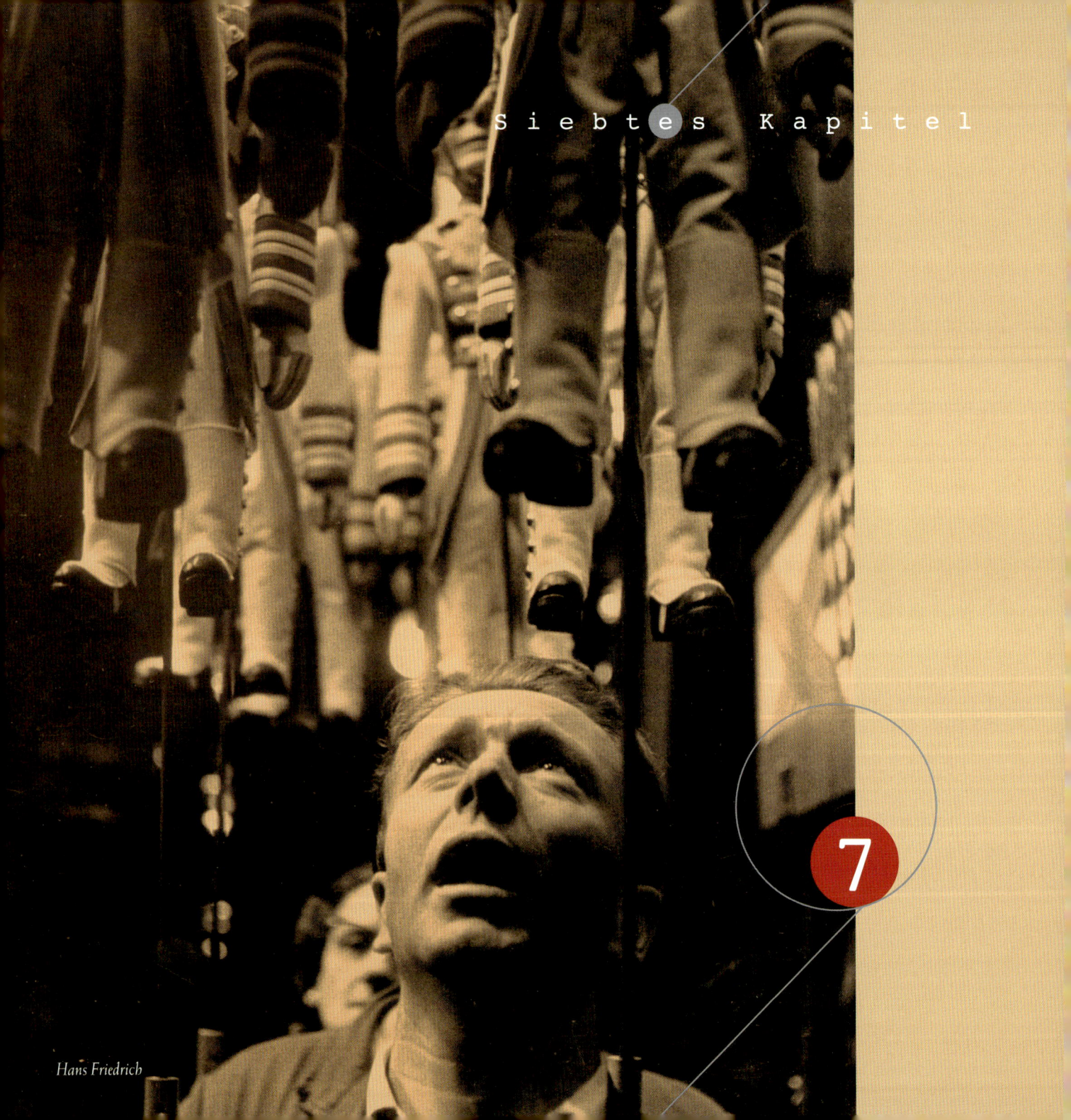

Siebtes Kapitel

7

Hans Friedrich

Technik am Stock:
Die Kunst der Puppenführung

Frauke Kemmerling

Die Illusion im Hänneschen-Theater ist perfekt. Nach einer halben Stunde haben die Zuschauer im Saal vergessen, dass die handelnden Personen Puppen sind und keine Menschen. So kommt es auch, dass bei einem Vergleich mit den Ausmaßen »hinger d'r Britz« das Erstaunen immer groß ist. Die Illusion verpufft, die eben noch aus dem Saal menschengroß wirkenden Puppen und Ausstattungsgegenstände schrumpfen auf Bühnenrealität. Ein ähnlicher Effekt entsteht, wenn nach Abendstücken oder der Puppensitzung die Britz, die das Publikum von den Puppenspielerinnen und Puppenspielern trennt, abgesenkt wird. Die Zuschauer müssen sozusagen von jetzt auf gleich den Maßstab der menschlichen Wirklichkeit, den sie während des Stücks auf die Figuren übertragen haben, wieder auf die tatsächliche Größe von Puppen und Requisiten »zurückrechnen«.

Diese Erfahrung zeigt, wie wichtig die Umsetzung des richtigen Maßstabs für Bühnenbild, Puppen, Requisite und Puppenspieler ist. Ohne das Gespür für die Verhältnismäßigkeit der Größen kann kein Bühnenbildner und kein Puppenspieler arbeiten.

Peter Ulrich

Peter Ulrich, stellvertretender Intendant und Darsteller des Schäl, ist im Hause zuständig für Puppenführung und weist neue Kolleginnen und Kollegen in diese Kunst ein. Er sagt: »*Eine Hänneschen-Puppe passt dreieinhalbmal in einen Menschen hinein – diesen Maßstab muss man immer vor Augen haben!*«[1] Eine Grundvoraussetzung für ein gelungenes Stockpuppenspiel ist also, den richtigen Maßstab ins Gefühl zu bekommen und sich darin zu bewegen.

»*Das Puppenspiel nimmt aufgrund seiner Technik die Phantasie des Zuschauers stärker in Anspruch als die Personenbühne. Der Zuschauer muß die Handlung in sich aufnehmen, erleben und wieder mit Hilfe seiner Phantasie auf die Puppen reflektieren. Je stärker die Phantasie des Zuschauers ist, um so größer ist die Wirkung des Puppenspiels auf ihn (…). Das notwendige Maß der eigenen Phantasiezutat ist aber nicht bei jedem Puppenspiel das gleiche, es ist abhängig von der Art der Puppe und ihrer technischen Führungsmöglichkeit. Das stärkste Miterleben, das größte Maß von ›Hineinsehen‹ in die Puppe erfordert die reine Stockpuppe[2], am wenigsten ist die eigene Zutat der Phantasie seitens des Zuschauers bei der Marionette erforderlich. Etwa in der Mitte zwischen diesen beiden steht die Handpuppe. Diese Haltung des Zuschauers den Puppen gegenüber findet ihre Parallele in dem seelisch-körperlichen Verhalten des Spielers. Wenn die Stockpuppe lebendig werden soll, so muß der Spieler völlig mit ihr eins werden. Wie beim Tischrücken, so muß auch bei diesem Spiel der körperliche Magnetismus des Spielers auf die Puppe übergehen, dass sie Leben vom Leben des Spielers erhält.(…)*«[3]

Die Puppe soll Leben vom Leben des Spielers erhalten. Der Spielleiter und Hänneschen-Darsteller Karl Funck muss dies in Perfektion beherrscht haben, so die einhellige Meinung aller befragten Kolleginnen und Kollegen.

Eine zweite wichtige Grundregel für den Puppenspieler ist also, der Puppe mit dem eigenen Körper, mit den eigenen Bewegungen und dem eigenen Atem Leben zu geben. Im Umgang mit der Figur muss zunächst ihr Mittelpunkt gefunden werden, damit sie nicht zu weit nach vorn, aber auch nicht zu weit nach hinten kippt. Dieser Punkt, um den alle Grundbewegungen der Stockpuppe kreisen sollten, befindet sich genau in der Mitte zwischen den Fußsohlen der Puppe. Bleibt dieser Punkt beispielsweise beim Verbeugen oder Schunkeln

nicht auf der Stelle, erscheint es dem Zuschauer, als würde die Puppe wie auf Eis hin- und herrutschen.

Der Führungsstock sollte immer so nah wie möglich am Körper sein, um eine größtmögliche Übertragung aller Bewegungen zu gewährleisten. Hans Friedrich, ehemaliger Besteva-Darsteller, sagte im Puppenführungsunterricht immer zu den »Neulingen«: Man muss »wibbele« (In-sich-Drehen des Führungsstocks) und »niehe« (Auf-und-Ab-Bewegen des Stocks) beim Führen der Puppe. Dabei ist es auch nicht schlimm, den Stock mal auf den Boden aufzusetzen, wenn die Puppe in der Szene tatsächlich stehen soll. Beim Gehen und Laufen dient er als »Abstandhalter« – so Peter Ulrich, also um das Höhenmaß von einem Meter achtzig der Britz einzuhalten (Brustwand und Spielleiste, die die Spieler vom Publikum – oder umgekehrt – trennt).

»Ich finde den Begriff ›Faulenzer‹, der so häufig verwendet wird, nicht passend«, kommentiert Ulrich diese Bezeichnung für den Stock, auf dem die Puppe aufgesteckt ist und den die Puppenspieler in der linken Hand halten, während sie mit der rechten Hand die Handstange mit dem zu bewegenden Arm ihrer Puppe führen. Im Gegensatz zur Marionette, mit der man feine, eher psychologische Bewegungen ausführen kann, bietet die Stockpuppe mehr die Atmosphäre eines Stummfilms mit großen und teilweise groben Gesten. Beim Weinen vibriert sichtbar die ganze Figur, beim Lachen schüttelt sie sich häufig ebenso deutlich wie übertrieben, unterstützt durch Handbewegungen (sich den Bauch halten oder Hand vor den Mund beim Kichern).

> *»Bei den ältesten erhaltenen Puppen geht der Führungsstock durch ein Bein. Später wurde eine dünne Eisenstange zwischen den Beinen in den Rumpf gebohrt, wodurch die Figuren eine natürlichere Bewegung gewannen.«* [4]

Da die Hänneschen-Puppen nicht den Mund bewegen beim Sprechen, muss durch die Armbewegung, die Aktivierung des gesamten Puppenkörpers der jeweils agierenden Figur oder andere Hinweise für das Publikum deutlich werden, wer gerade spricht. Das ist zum Beispiel bei Massenszenen nicht ein-

*Inge von der Lohe, Charly Kemmerling, Renate
Vesen und Walter Oepen bei der komplizierten
Führungstechnik des »Colonia Duetts«*

*Jacky von Guretzky-Cornitz und Charly
Kemmerling montieren eine Handstange*

Udo Müller (Tünnes) und Jacky von Guretzky-Cornitz (hier mit Köbeschen)

fach und erfordert von der Regisseurin oder dem Regisseur eine exakte Insze-
nierung – und eine hohe Disziplin der Puppenspieler, beispielsweise indem sich
die Spieler, die gerade keinen Text haben, dem sprechenden Kollegen zuwen-
den und mit ihrer Puppe zuhören. Ein »Konkurrenzspiel« auf der Szene kann
den Zuschauer ganz schön verwirren – wenn es nicht bewusst als
Inszenierungsmittel eingesetzt wird.

Ist die Puppe vom Publikum abgewendet oder ist der Arm zu
hoch oder falsch abgeknickt, geht sofort ein Stückchen
»Menschsein«, ein Stückchen Illusion verloren. Schwierig sind
deshalb auch lange Dialoge, wenn sie nicht durch entsprechen-
des Spiel begleitet werden, weil sich die Unbeweglichkeit der
Stockpuppe dann zu deutlich zeigt.

Hans Fischer am alten Stellwerk

*»Die recht einfach gebaute Stockpuppe erfordert ›bodenständige‹ Spieler, die
Marionette mit ihrer feinen Mechanik eher sensiblere Naturen«*, stellt Peter
Ulrich eine Beziehung zwischen Puppenart und Spieler her. Allein die körperliche Konstitution eines Stockpuppenspielers muss
eine andere sein als die eines Marionettenspielers, der von oben,
häufig mit aufgestützten Armen, seine Puppen bespielt. Im Hänneschen-
Theater bekommen die Spielerinnen und Spieler das Gewicht ihrer Puppen
(von zwei bis sechs Kilogramm) von unten zu spüren. Jeder weiß, dass Ge-
wichte leichter zu halten als zu stemmen sind: Je kleiner ein Spieler oder eine
Spielerin ist, desto größer wird die körperliche Anstrengung, den Mittelpunkt
der Puppe über dem eigenen Kopf zu fixieren. Andererseits darf ein Hänne-
schen-Puppenspieler nicht über einen Meter achtundsiebzig groß sein, um
nicht bei ausgelassener Bewegung über die Britz zu geraten. Ein Zwiespalt.

*»Dadurch, daß (abgesehen von besonders figurenreichen Szenen) der Spieler seine Puppe führt
und spricht, gewinnt die Kölner Puppenspieltechnik einen besonderen Vorteil: Wort und Bewegung werden durch die elastische Stange so unmittelbar ineinanderübergeleitet, daß die Aktion
außerordentlich lebendig wirkt. Während die Marionette etwas vorsichtig Tastendes nie ganz
ablegt, packen alle Bewegungen der Kölner Puppe herzhaft zu und bieten einen stärkeren Reiz
der Entschiedenheit als selbst die Handpuppen mit den in ihnen steckenden Fingern des Len-
kers.«[5]*

Hänneschen-Puppen bestehen aus Lindenholz. Kopf, Rumpf, Unterarme mit Händen und Unterschenkel mit Füßen werden einzeln geschnitzt und dann mit Hilfe von Gurtbändern, die die Beweglichkeit ermöglichen, zusammengesetzt. Der so entstandene Körper wird dann im Rumpf zwischen den Beinen auf eine zirka acht Millimeter dicke, angespitzte Eisenstange aufgesteckt, die in den Führungsstock eingelassen ist. Der Stock hat etwa die Qualität eines guten Besenstils. Am Handgelenk des rechten Arms wird an einer Schelle die Handstange befestigt, ein etwa drei Millimeter starker Draht mit einem Holzgriff am unteren Ende. Das ist die »Grundkonstruktion« der normalen Puppen. Daneben gibt es eine Vielzahl von Sonderpuppen, die z.B. zwei Handstangen haben oder mit Hilfe komplizierter Zugtechniken Köpfe, Brüste oder sonstige Körperteile zur Überraschung des Publikums bewegen können. Besonders große Erheiterung löst z.B. der »Lambäät« aus. Mit seinem »ausfahrbaren« Hals und drehbaren Kopf reizt er seit Jahrzehnten das Publikum (vor allem in der Puppensitzung) zum Lachen. Beliebt ist auch die Dame mit den ausladenden Brüsten, die sich einzeln bewegen können.

Hänneschen-Darsteller Jacky von Guretzky-Cornitz ist einer der Könner auf dem Gebiet der Puppenführung. Ganz intensiv, ganz nah und ganz gefühlvoll bringt er dem Publikum die Hauptfigur in ihre Herzen. Seine Grundregel lautet: Immer zur Puppe gucken, wenn man spielt, und immer beachten, wo man sich gerade befindet. »In einem Wohnzimmer der Familie Knoll muss man mit der Puppe sechs Meter anders überqueren als auf offener Straße«, erklärt er. In der Tat, denn in einem Zimmer macht der Puppenspieler mit der Puppe vielleicht fünfzehn Schritte; von einer Straßenseite zur anderen mindestens dreißig Mini-Schritte. Und wenn die Figur sich auf einer Straße nach hinten entfernen soll, so muss der Puppenspieler die Puppe mit jedem Schritt einen Millimeter weiter anheben, damit sie für das Publikum nicht allmählich in der Erde versinkt. Er muss auch die Schritte kleiner machen, damit der Maßstab für das Publikum gewahrt bleibt, also der Eindruck entsteht,

Blick hinter die Britz während eines Gastspiels zur Rundfunkübertragung in Leipzig 1931. Von links: Wilhelm Roebruck, Hedda Schürmann-Lindner, Joseph und Wilhelmine Oellers

Hans Friedrich

die Puppe gehe bereits in großer Entfernung, obwohl sie sich höchstens vier Meter von der Britz fortbewegt hat.

In dem Stück »Drei Daach alt Kölle« (1988) gab es die Figur eines Betrunkenen, der von Hans Friedrich und Jacky von Guretzky-Cornitz gebaut worden war und auch von beiden zusammen geführt wurde. Eine Silk-Schnur (bestehend aus durchsichtigen Nylonfäden) ging jeweils durch die Hände, wodurch es möglich war, dass der Mann sein Taschentuch aus der Hosentasche holen konnte, um sich erst die Schuhe zu putzen und dann den Schweiß von der Stirn zu tupfen. Es war ihm sogar möglich, das Tuch von einer in die andere Hand zu nehmen.

Um ein Vielfaches komplizierter ist das »Colonia Duett«, bestehend aus Hans Süper und Hans Zimmermann. Für Süper sind allein fünf Puppenspieler notwendig (einer für die Handstange mit der Mandoline, ein zweiter für die Füße, die einzeln zu bewegen sind, ein dritter für den Kopf und den Führungsstock, ein vierter als Sprecher am Mikrofon und ein fünfter, der live die Mandoline spielt), für Zimmermann drei (einer für die Puppe mit Gitarre, ein zweiter als Sprecher und Sänger und ein dritter als Live-Gitarrenspieler) – macht zusammen acht Puppenspieler für zwei Puppen (s. Abb. S. 162).

Pferde, die »Äpfel« produzieren können, ein riesiger Elefant mit Stoßzähnen, quirlige Affen, Ratten, Mäuse, Maulwürfe, Rehe, Hirsche, Wildschweine, Osterhasen, Kaninchen, Papageien, eine lila Milkakuh, Hausschweine, Hummeln und Moorhühner, nicht zu vergessen die Hunde, einmal als Promenadenmischung, einmal als Spitz, elegante Gänsedamen, Hühner, Krähen, Löwen, Schlangen und sogar Drachen erwachen im Hänneschen mit jeweils eigenen Führungstechniken zum Leben. Manche Tiere haben nur eine einfache, kurze Handstange, mit der sie geführt werden können, andere (wie z.B. ein Papagei oder ein Hirsch) benötigen Silkzüge, mit denen Flügel oder Köpfe bewegt werden können.

Ohne besondere »Technik«, aber als klassischer Spaß immer wieder gern eingesetzt: Hund »Fiffi« betritt in ausgesuchten Momenten die Szene und hinterlässt lautstark – nach längerem Suchen der geeigneten Stelle – sein kleines Geschäft.

Neben Darstellung, Sprechen und Puppenführung haben die (zurzeit fünfzehn) Spielerinnen und Spieler noch viele andere Dinge auf der Szene zu tun. Alle Geräusche werden selbst produziert – auch Wind und Donner sind »hausgemacht«. Die »Klätsch« beispielsweise ist eine Holzklatsche, die in verschiedenen Ausführungen unterschiedliche Klatschgeräusche hervorrufen kann. Fällt sie schmaler aus, hört sich das Klatschen eher wie ein Peitschenknall an, ist sie breiter und mit Leder bezogen, kann man sie gut für Ohrfeigen verwenden. Für das Bedienen der Klätsch ist ein ausgeprägtes Gefühl für den richtigen Moment (»Timing«) vonnöten – denn die Aktion der Puppe muss im richtigen Augenblick vom gewünschten Klatschgeräusch begleitet sein.

Zinkbütten sind ein begehrtes Gut im Hänneschen-Theater, denn sie werden für vielfältige Geräuschkulissen benötigt. Wenn Manes in der Puppensitzung von der Szene verschwindet, um dem gerade aufgetretenen Karnevalisten seine Woosch wieder abzunehmen, scheppert es meistens kräftig im Off (abseits der Szene) mit Hilfe von Zinkbütt, Blechdeckeln und -eimern.

Im Hause Knoll kann schon mal Gläsernes zu Bruch gehen. Dafür stand in früheren Jahren eine Kiste mit Scherben bereit; heute ist es ein Kupferteller mit zehn einzelnen Kupferplättchen, die auf den Boden fallen gelassen werden. Der Glasbruch ist perfekt.

Mit einem Holzknüppel, rhythmisch geschlagen in einem Blecheimer, lässt sich täuschend echt das Fahrgeräusch eines Treckers imitieren. Auch alte Autoreifen sind wichtige Hilfsmittel. Flach auf den Boden geworfen hört es sich an, als ob ein menschli-

Die Donnermaschine

cher Körper auf der Erde aufprallt. Original holländische Holzschuhe, mit den Händen gefühlvoll auf einer Holzkiste bewegt, unterlegen einen Treppenaufgang oder das Besteigen einer Leiter. Schon fast ein Musikinstrument ist die »Klapper«, eine – wenn man so will – grobe hölzerne Kastagnette, die sehr überzeugend das Getrappel von einem oder mehreren Pferden hervorbringt. Wenn's etwas lauter werden soll, kommt der so genannte »Einschlag« zum Einsatz. Ein Holzkasten, mit Eisenkugeln gefüllt, kann in einem Holzschacht so entleert werden, dass die Kugeln mit einem fürchterlichen Krach über links und rechts angebrachte Holzbretter herunterstürzen.

Wahrscheinlich eigens für das Theater konstruiert wurde die »Donnermaschine«, die eine Besonderheit des Hänneschen-Theaters ist. Sie besteht aus zwei aus Holz gefertigten »Mühlrädern«, die in einem hölzernen Resonanzkasten über Latten rattern. Angeworfen wird der »Donner« im Hänneschen über die elektrischen Impulse aus der computergesteuerten Lichtanlage – ebenso wie der »Wind«. Ein Motor dreht einen Bambus-Stab in solcher Geschwindigkeit im Kreis, dass er Wind- bis Sturmgeräusche erzeugen kann. Bevor die elektrische Lichtanlage Donner und Wind in Gang gesetzt hat, gab es ein mechanisches Stellwerk, das über Magnetspulen betrieben wurde. Aber – eigentlich wurde nur der Antrieb von mechanisch auf elektrisch umgestellt, die Maschinen selbst funktionieren heute genauso wie vor fünfzig Jahren.

Die Puppenführungstechnik hat sich in der 200-jährigen Geschichte des Theaters im Grunde auch nicht geändert. Die Erfahrungen wurden weitergegeben und immer wieder von einzelnen Puppenspielerpersönlichkeiten individuell verfeinert. Stets gab es die ein oder andere persönliche Note durch besondere Talente unter den Puppenspielerinnen und Puppenspielern. Schließlich lebt »*im Kölner Puppenspiel der große Zauber der improvisierten Komödie fort (...)*«[6], auch genannt die Kunst des »Extemporierens«, der spontanen Kommentierung einer Situation durch Spiel und Wort.

Im Ensemble gibt es – und gab es in der Vergangenheit – allerdings Vertreter zweier unterschiedlicher Positionen zum Thema Puppenführung. Die einen sind der Meinung, man müsse möglichst kleine Gesten und (maßstabsgerechte!) Bewegungen machen, damit alles echt und realitätsgetreu wirkt. Andere möchten bewusst Bewegungen einstreuen, die ein Mensch nie vollführen könnte, wie beispielsweise mitten in der Szene vor Freude in den Kronleuchter zu springen oder nach einer Ohrfeige von links nach rechts im hohen Bogen über die ganze Bühne zu fliegen, um die Heftigkeit zu verdeutlichen (Slapstickelemente).

Die »Realitätstreue« hat ihre besondere Faszination, denn hier erleben die Zuschauer die Illusion »Puppe ist gleich Mensch« in Perfektion. Der zweite An-

... und immer der Blick nach oben: Hans Bedbur, Karl Funck, Änne Dröge, Hans Schiffer, Hans Friedrich, Grete Zimmermann (von links nach rechts)

satz bietet demgegenüber ganz neue Ausdrucksmittel für die Hänneschen-Puppen, von denen beispielsweise Bühnenschauspieler nur träumen können.

Wollte man die Positionen Regisseuren zuordnen, würde ein Hans Friedrich (ehemaliger Darsteller des Besteva, Regisseur vieler Stücke und langjähriger stellvertretender Spielleiter, so von Karl Funck und Berni Klinkenberg) sicherlich eher die erste Position für richtig halten und ein Peter Ulrich (Darsteller des Schäl, Regisseur und stellvertretender Spielleiter von Heribert Malchers) eher die zweite. Und beide würden in bestimmten Situationen sicher einen Gewinn in der rechten Mischung von beidem sehen.

»Die eine sagen esu, die andere 'su.« Wie im richtigen Leben.

Hänneschen-Spieler Jacky von Guretzky-Cornitz zeigt ein paar Kniffe.

Anmerkungen

1 *Alle hier zitierten Aussagen stammen aus einem Interview mit der Autorin*

2 *Die Stockpuppe mit beweglichem Kopf, also eine Art Stockmarionette, wie sie z.B. in Aachen üblich geworden ist, bleibt außerhalb dieser Betrachtung.*

3 *Dr. Josef Klersch: »Zur Dramaturgie des Puppenspiels«. In: Der Puppenspieler (Juni-August 1949, Heft 9-11), S. 152*

4 *Niessen, S. 62*

5 *Niessen, S. 63*

6 *Niessen, S. 68*

FIRMA
SCHÄL

*Renate Vesen und Jacky
von Guretzky-Cornitz*

8

Rudi Carrell, Jacky von
Guretzky-Cornitz, Uschi
Hansmann, Jean Pütz,
Max Schautzer.

Außenwirkung und Mediengeschichte

Monika Salchert

Warum haben Hänneschen und Bärbelchen eigentlich nicht schon längst eine eigene Talkshow? Oder der Speimanes? Berühmt genug sind sie allemal. Wortgewandt und schlagfertig auch. Jedenfalls die Erstgenannten. Beim Speimanes träte zugegebenermaßen ein Problem auf: heftiges Überziehungsrisiko, gekoppelt mit permanenter Überschwemmungsgefahr. Stottern und Spucken, das geht dann vielleicht wirklich nicht.

Andere Vorteile liegen allerdings klar auf der Hand. Die Knollendorfer Sippschaft ist zweifelsohne medienerfahren. Nachrichten vom oder aus dem Hänneschen waren – sieht man einmal von den ersten Jahrzehnten ab – immer auch ein Thema in der Berichterstattung. In den Zeitungen, im Hörfunk, im Fernsehen und neuerdings auch im Internet.

Es kam und kommt nicht alles, aber doch vieles, was vor und hinter der Britz passiert, auf das öffentliche Tapet. Ein Streifzug durch die bunte Welt des Journalismus offenbart ein überwiegend freundliches Miteinander von Theater und Medien. Davon weiß auch schon Carl Niessen in seinem Buch »Das Rheinische Puppenspiel« zu berichten:

»1926 begannen die ›städtischen Puppenspiele‹ im Rubenshaus (Sternengasse) unter Leitung von F. Danz mit der ›Weckschnapp‹, **verständnisvoll von der Presse gefördert** (Hervorhebung durch die Autorin), so erfolgreich ihre Tätigkeit, daß die von den Stadtverordneten, bei denen Hänneschen bei einem Bierabend geworben hatte, bereitgestellten erheblichen Mittel wohl kaum in Anspruch genommen werden mußten.«[1]

Auch in den Folgejahren durfte sich das Hänneschen immer eines großen Widerhalles in der Presse gewiss sein. Neben reinen Premierenkritiken waren, zumindest in der Lokalpresse, auch immer Randnotizen aus dem Theater interessant.

So beispielsweise Personalien wie Eheschließungen der Puppenspieler, Geburten, runde Geburtstage oder Abschiede. Oder Krankheiten. Der Hörsturz von Hänneschen-Darsteller Jacky von Guretzki-Cornitz (1997) wurde dem geneigten Leser ebenso wenig vorenthalten wie die Herzattacke (1995) des damaligen Werkstattleiters Werner Schulz oder der Krankenhausaufenthalt (2001) des früheren Ensemble-Mitgliedes Grete Zimmermann (Mariezebell).

Das Hänneschen und seine Darsteller werden behandelt wie Familienmitglieder, und da interessiert eben alles. Auch dass Darsteller Walter Oepen (Schnäuzerkowski) eine neue CD herausbringt, Uschi Hansmann (Bärbelchen) eine eigene Band hat oder Udo Müller (Tünnes) und Jupp Schönberg (diverse Figuren) als »Duo Jesterday« auftreten. So genannte »Links«, wie sie das Internet kennt, tauchen ebenfalls immer wieder auf. Stellvertretend seien hier das Engagement des Intendanten Heribert Malchers als Regisseur der Prinzenproklamation 1992 und der Auftritt von Hans Friedrich als »Rotsdiener vum Feßkomitee« auf eben dieser Veranstaltung genannt. Wie überhaupt die Auftritte von Hans Friedrich (»Besteva«, jetzt im Ruhestand) im Karneval (»Olympischer Fackelläufer«, »Koch vom Bundeshaus« oder »Aushilfsjockey«) häufig Gegenstand der Berichterstattung waren.

1982 wurden die Knollendorfer Fernsehstars. Am 22. Februar (Rosenmontag) lief auf »West 3« die Aufzeichnung des Fastelovendstückes »Hännesche Verzällcher« oder »Dat Offenbach-Fess vum Greechemaat«. Redakteur der genau 103,55 Minuten langen Sendung war Kurt Brünler. Er darf für sich in Anspruch nehmen, das Hänneschen fürs Fernsehen entdeckt zu haben. Seine Idee musste er freilich gegen manche Widerstände durchsetzen.

Als Brünler Anfang der 80er Jahre beim damaligen Spielleiter Karl Funck vorstellig wurde, soll der entsetzt ausgerufen haben: »*Jetzt mäht uns och noch et Fernsehen kapott.*«[2] Erst mit Nachfolger Berni Klinkenberg konnte das Projekt realisiert werden. Mit dem Medienmann Dr. Gérard Schmidt (er war vor seiner Hänneschenzeit Redakteur beim Kölner Stadt-Anzeiger) wurde die Übertragung der

Kinder, kommt in unsern Zoologischen Garten, zum großen Elefanten, zur Giraffe, zum Storch und allen andern Tieren! Ihr werdet große Augen machen und stehn und stehn und stehn und sehn und sehn und nicht wieder nach Hause gehen wollen! Und dann zu all den schönen Dingen in unserer Spielwaren-Ausstellung! Schließlich zum wirklichen Alten Kölner Hänneschen-Theater, das auf der Kölner Jahrtausend-Ausstellung und der Gesolei in Düsseldorf beim verehrten Publikum solchen Beifall gefunden hat!

Eintritt
15 ₰

Von Montag, den 15. November ab täglich Vorstellungen von ½4 bis 7 Uhr. U. a. werden folgende Stücke gegeben werden: Der große Zauberer Tartüffel oder Hänneschen auf der Schlangeninsel, Die Räuber oder der Ueberfall auf Schloß Waldenheim, Die Kreuzfahrer oder Hänneschens Heldentaten in der Türkei, Eine gestörte Kölsche Kirmes. Eintritt nur 15 Pfg. Kinder, kommt alle!

Puppensitzung im WDR zur festen Einrichtung. Aber auch intern musste Brünler manche Hürde nehmen. Vor dem Problem, die unbeweglichen Gesichter der Puppen in bewegte Bilder für das Fernsehpublikum umzusetzen, schreckten die Regisseure zunächst zurück, erinnert er sich. Erst Martin Kliemann wagte sich an die Aufgabe. Der Erfolg der Sendung zeigt: Die Hartnäckigkeit hat sich gelohnt.

Auffallend ist, dass häufig einige Emotionen im Spiel waren, wenn es in der Berichterstattung um das Hänneschen ging – eine Stimmung, die von den lokalen Medien transportiert wurde. Eine Rückblende in das Jahr 1975 zeigt, dass sich sogar der damalige Kulturdezernent Dr. Kurt Hackenberg massiven Vorwürfen gegenübersah, weil nach Meinung der Öffentlichkeit dem Hänneschen zu wenig Geld zugestanden wurde. Dem Dezernenten wurde »mangelnde Anteilnahme an den Personal- und Finanznöten« des Theaters vorgehalten. Die Begründung wurde auch gleich mitgeliefert: weil er kein Kölner war. Wie ernst die Lage gewesen sein muss, zeigte Folgendes: Jan Brügelmann in seiner Eigenschaft als Vorsitzender des »Vereins der Freunde und Förderer des Kölnischen Volkstums e.V.« rief, unterstützt von Gleichgesinnten, die Aktion »Rettet das Hänneschen!« ins Leben. Die Kölnische Rundschau, namentlich der Redakteur Engelbert Greis, heute stellvertretender Chefredakteur des Blattes, begleitete diese Kampagne publizistisch.

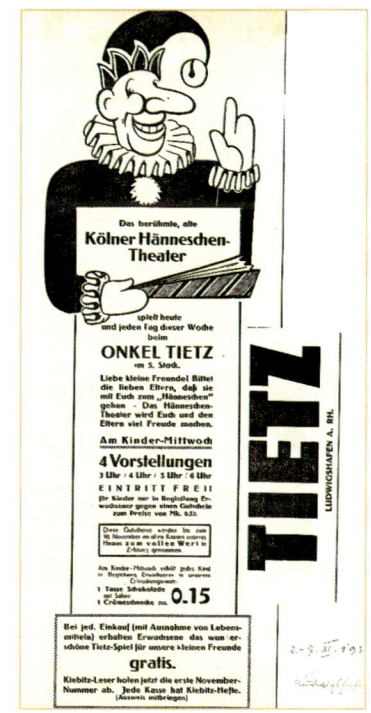

Es ging indes nicht nur um Geld. Das Theater sollte neue Impulse erhalten; die Stücke sollten zeitgemäßer sein, jüngere Spieler integriert werden, das Haus sollte renoviert und das Programmheft aufgemöbelt werden. Kurzum: Man dachte heftig über eine Werbekampagne nach. Die Herausgabe der Schallplatte mit dem »Speimaneslied« von Karl Funck war unter anderem ein positives Ergebnis dieser Aktion.

Der Geldmangel blieb noch eine Weile Thema. Im Kölner Stadt-Anzeiger vom 10. Februar 1977 wird eine Aussage von Heinz Helmut Simon als Präsident der Hänneschen-Sitzung der »Löstigen Knollendorfer« (nicht zu verwechseln mit der Puppensitzung im Theater) im Sartory wiedergegeben:

»Die Stadtverwaltung ist sehr geizig mit ihren Zuschüssen. Als Bürgermeister von Knollendorf mußte ich voriges Jahr feststellen, daß meine Hose zu kurz war. Und dieses Jahr paßt sie immer noch nicht.«

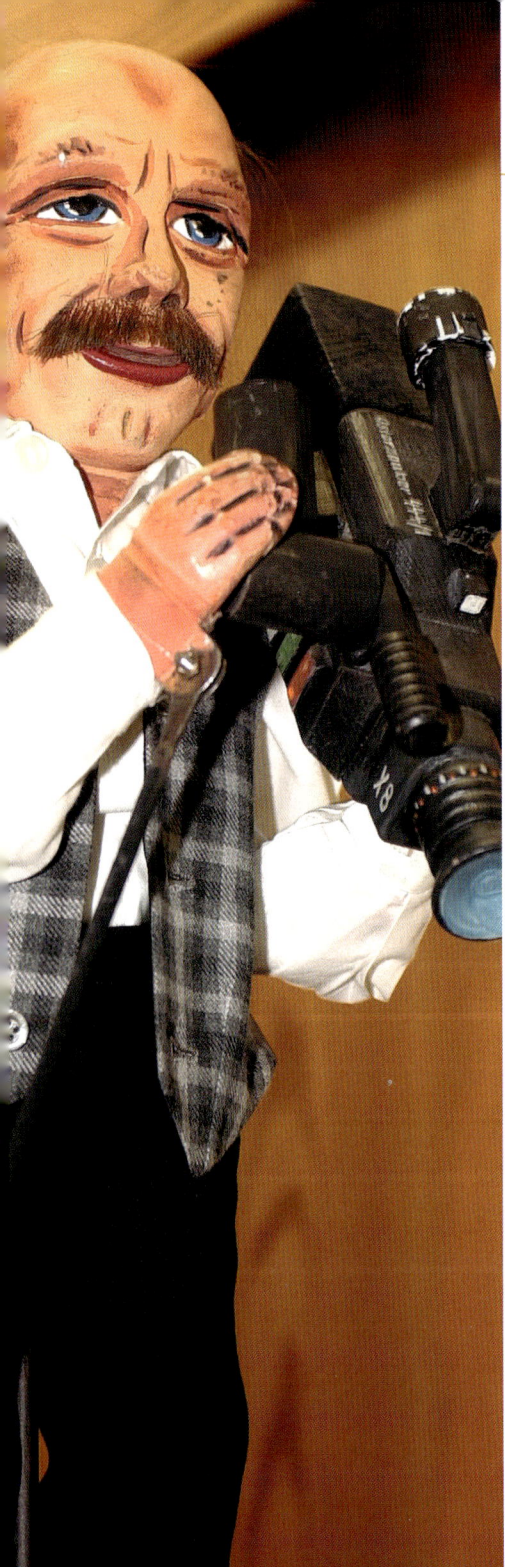

Nicht immer aber konnte das Theater auf das von Niessen 1926 erwähnte »Verständnis« der Presse bauen. Es gab eine Phase, in der es sogar ziemlich zerzaust wurde. So geriet das Theater mit den Querelen in der letzten Phase der Amtszeit (1983 bis 1988) von Gérard Schmidt negativ in die Schlagzeilen. Der Graben zwischen ihm und Teilen des Ensembles war so tief geworden, dass eine fruchtbare Zusammenarbeit immer schwieriger wurde. Einige Spieler nahmen Anstoß an den ihrer Meinung nach zu extravaganten Stücken; andere dagegen schätzten Gérard Schmidt gerade wegen seiner neuen Ideen und Experimentierfreude. Ein paar Beispiele aus dem Jahr 1986: »Hänneschen-Spielleiter will das Handtuch werfen« (KR); »Probleme an der Britz«, (KSTA); »Zerstrittene Sippschaft« (KR); »Der Haussegen in Knollendorf hängt schief« (KSTA). Und nicht nur in Köln, auch überregional (»Welt am Sonntag«, »Neue Westfälische« oder die »Lippische Landeszeitung«, um nur einige zu nennen) war der Krach im Hänneschen Thema.

Betrachtet man die Auslastungszahlen des Theaters in dieser Zeit, die auf einen Tiefstand sackten, so darf man vermuten, dass dieser öffentlich ausgetragene Streit dem Theater nicht zum Vorteil gereicht hat.

In den 90er Jahren rückte das dunkelste Kapitel in der Geschichte des Theaters in den Blickpunkt der Presse. Sogar das renommierte Wochenblatt »Die Zeit« titelte in der Ausgabe vom 24. Februar 1995 »Auch Tünnes war Nazi«. Ab 1933 war die ideologische Geisteshaltung der Nationalsozialisten auch in dem Haus am Eisenmarkt spürbar. Als der Theaterwissenschaftler Hans-Peter Beyenburg im Auftrag des Hänneschens den Manuskriptbestand ordnete, fand er neun Stücke mit rassistischem Inhalt, davon sieben antisemitische Stoffe. Alle sind damals aufgeführt worden. Zielscheiben des zynischen »Humors« aus Puppenmund waren Zigeuner, Engländer, Franzosen, Polen und vor allem die Juden, die als minderwertig, hinterhältig und gewinnsüchtig dargestellt wurden.

So verkauft der Jude Chaim Knoblauch dem Tünnes in »Mister Stiefledder« (1936) ein Hemd ohne Rücken. Das führt zu der Äußerung: »Do bess zo schlääch för de Blootwoosch. Om dr Balg schlonn ich dich.« Und diese Diktion war im Nazideutschland unmissverständlich: draufschlagen, misshandeln, totschlagen.[3]

»Die Philosophie der Volksstücke ist platt, aber wirkungsvoll. Es gibt gute und schlechte Menschen. Die guten erhalten ihren verdienten Lohn, die schlechten werden bestraft: ›Wä brav eß, kritt Luhn, wä schlääch, kritt's geschnaaf.‹ Wer gut und wer schlecht ist, bestimmten die Nationalsozialisten, und die Stückeschreiber und Spielleiter des Hänneschen Theaters wußten, wonach sie sich zu richten hatten.« [4]

Herbert Hoven, Verfasser des zitierten Zeit-Artikels, kritisiert weiter, dass noch im Jahr 1995 der Umgang mit diesem Kapitel Hänneschen-Geschichte zu wünschen übrig ließe. Die Ergebnisse der Dokumentation von Hans-Peter Beyenburg, der 1991 alle vorhandenen Theaterstücke auflistete und eben die unrühmlichen nicht aussparte, seien nicht hinreichend publiziert worden.

»Im Archiv der Puppenspiele gibt es einige gebundene Exemplare, die nur mit Genehmigung des Herrn Intendanten eingesehen werden dürfen – zu wissenschaftlichen Zwecken. In der Hauszeitschrift des Hänneschen Theaters ›Hinger dr Britz‹ veröffentlichte Beyenburg Auszüge seiner Arbeit. Das war's! Man verhindert nicht, hat aber auch kein Interesse, daß die Öffentlichkeit allzuviel über das Hänneschen-Theater erfährt«.

Diese Aussage ist so nicht ganz richtig. Bereits im März 1991 findet sich in der Kölnischen Rundschau ein Artikel, den Stefan Volberg mit »Hänneschentheater war kein Reservat ungetrübter Freude« überschrieben hat. Hier wird aus Beyenburgs Arbeit zitiert, dass das Hänneschen ein gleichgeschaltetes Theater war.

1998 gehen Carl Dietmar und Norbert Ramme in der Ausgabe des Kölner Stadt-Anzeigers vom 29. Juli auf die Nazi-Vergangenheit des Hänneschens ein. »Als die Zipfelmütze sich braun färbte« heißt ihr Artikel. Die Autoren geben unter anderem ihrer Verwunderung Ausdruck, dass trotz der Ergebnisse Beyenburgs, der das Hänneschen als »Handlanger, Gesinnungsgehilfe und Stimmungsmacher der Nationalsozialisten« bezeichnete, lange Zeit im Theater selbst niemand Notiz davon genommen hat.

Hänneschen (Jacky von Guretzky-Cornitz) und Bärbelchen (Uschi Hansmann) halten ihre Hände schützend über Hans-Jürgen Wischnewski.

Aber es sind auch Stücke mit NS-kritischen Passagen überliefert. So etwa »Bäckermeister Soortäsch« (1940) von Martin Däntler oder »Hänneschen un Bärbelchen em Hexehuus« (1935).

Spielleiter Hans Berschel nahm die entsprechenden Stücke zwar in den Spielplan auf, die kritischen Passagen fielen aber zum größten Teil der Zensur zum Opfer. Lediglich beim »Bäckermeister Soortäsch«, eines der letzten Stücke (ab 1940 ruhte der Spielbetrieb), fanden einige versteckte und doppeldeutige Töne den Weg über die Britz.

Zwei Dinge bleiben festzuhalten: Das Hänneschen der Jahre 1933 bis 1940 war keine Trutzburg gegen das NS-Regime, kein Ort des Widerstandes und des Aufbegehrens. Aber ein nationalsozialistischer Vorzeigebetrieb war es auch nicht.

Lenken wir den Blick zurück auf die Anfangszeit. Zeitungen gab es natürlich auch schon zu dem Zeitpunkt, als Johann Christoph Winters 1802 sein Theater gründete. Sogar recht viele. Der Kölner Archivar Leo Ennen listete für das Jahr 1800 an die zwanzig Zeitungen auf, die wöchentlich in Köln erschienen. Darunter so – für heutige Verhältnisse – drollig anmutende Titel wie »Kölnischer eilfertiger Welt- und Staats-Both« oder »Kayserliche Reichs Ober Post-Amts Zeitung zu Cölln« oder »Kölnisches Käs-Blättche. Privat-Eigenthums-Organ des Herrn Tillekatessen-Händlers Herrn Antun Meis for d'r gebilte Bürger un Kaufmann«. Die bedeutendste Zeitung des Jahrhunderts war die Kölnische Zeitung, die Vorläuferin des heutigen Kölner Stadt-Anzeigers.

Meldungen über das Hänneschen-Theater sind allerdings nur sehr spärlich zu finden. Und wenn, dann überwiegend im Anzeigenteil. Es handelte sich zumeist um Ankündigungen neuer Stücke.

So findet sich 1860 in der Kölnischen Zeitung, wiederum als Anzeige, eine trotzige Einlassung Winters: »Dä Winter met singem Spill es bekannt, Un hät sin Privilegium noch en der Hand«. Das ging in Richtung seines Widersachers Franz Millewitsch, der ab 1847 zu einer ernsten Konkurrenz zu werden drohte (bei Winters fehlte in der Anzeige das »s«, ebenso wie aus Millewitsch erst später Millowitsch, der Name der berühmten Theaterdynastie, wurde).

In diesen ersten Jahrzehnten nach Gründung des Hänneschens waren Theaterzettel ein wichtiges Mittel, um Informationen des Theaters an den Mann und

die Frau zu bringen. Erinnert sei in diesem Zusammenhang an eine stadtbekannte »Zettelträgerin« mit Namen Frau »Wähnersch«, die mit einem dicken Packen Zettel unter dem Arm durch Wind und Wetter stapfte. So berichtet es ein gewisser Otto Nettscher, überliefert von Carl Niessen:

»Wenn das von allen gekannte Straßenoriginal, das später dem Schnapsteufel ganz verfiel, nach dem heutigen Spielplan gefragt wurde, holte sie zu langen Inhaltsangaben und genauem Bericht der zu erwartenden Herrlichkeiten aus, um ›ein zu verehrendes‹ Publikum anzulocken.« [5]

Das muss so um das Jahr 1847 gewesen sein.

Bei Carl Niessen findet sich ein bemerkenswerter Hinweis auf die manchmal vertauschten Rollen von Zeitung und Theater. *»Kommunale Ereignisse erfuhren mitunter sehr witzige Kritik. Im Vormärz muß das Hännschen einmal einen Teil der Bedeutung gehabt haben, welche für den kleinen Mann heute die Zeitung besitzt.«* [6]

Heute kann sich das Hänneschen-Theater über mangelnde Präsenz in den Medien nicht beklagen. Die Premieren von Abend- und Kinderstück sowie der Puppensitzung sind eine feste Größe bei der Terminsetzung in den Redaktionen der Kölner Zeitungen und Publikationen des Umlands. Beim WDR wird längst nicht mehr diskutiert, ob die Puppen im Fernsehen gut »rüberkommen«. Und inzwischen hat das Hänneschen auch eine eigene Homepage. Unter »www.haenneschen.de« sind die Knollendorfer im Internet zu erreichen.

Und sollte irgendwann doch jemand die Idee einer Talkshow vom Eisenmarkt aufgreifen wollen, könnte ein möglicher Titel sein: »Wir sind das, wovon alle Menschen träumen – ewig jung, von unvergänglicher Schönheit und unverbrauchter Frische.«

Anmerkungen

1   Carl Niessen, »Das Rheinische Puppenspiel«, 1926, Fritz Klopp Verlag, Bonn, Seite 99

2   Persönliches Gespräch mit Kurt Brünler.

3   Vgl. Herbert Hoven: Auch Tünnes war Nazi, in: Die Zeit, Nr. 9, 24.2.95. S. 18

4   ebenda

5   Niessen S. 107

6   Niessen S. 68 f. So ursprünglich erschienen im Lokalanzeiger am 15. September 1912, Beilage Colonia.

9

*Oberbürgermeister a.D. Norbert Burger
(2. v. li) umringt von Bärbelchen und
Hänneschen*

Frauke Kemmerling

Förderer, Liebhaber, Mäzene und Sponsoren – Spenden und Ääpelschloot

Hänneschen-Gründer Johann Christoph Winters hatte eigentlich Glück. Denn seine Bestrebungen, ein mundartliches Volkstheater mit Unterhaltungscharakter in Köln zu etablieren, fiel in die richtige Zeit. – Richtig? Köln stöhnte unter der »Franzosenzeit« seit 1794 und war um 1800 nicht gerade eine blühende Kulturstadt.

Im gleichen Jahr aber, in dem Winters das »Hänneschen-Theater« gründete, rückte der Rhein ins europäische Bewusstsein. Im Frühling des Jahres 1802 kam Friedrich Wilhelm Schlegel auf einer Reise nach Paris ins Rheinland. Die Tage, die er 1802 am Rhein verbrachte, regten ihn zur Wiederkehr 1804 und schließlich zu einer Rheinreise 1818 mit seinem Bruder August Wilhelm an. Auch Clemens Brentano und Achim von Arnim trugen ihre »Rheinbegeisterung« weiter: Die Kunst wurde zum Spiegel der Natur – aber zu einem verdichtenden und steigernden.

Zu den wesentlichen Zügen der Romantik gehörte es, dass sie eine im Grunde fast unwillkürliche Gegenbewegung gegen alle Kräfte und Tendenzen der Zeit bildete, die den Menschen bedrohten. Eine Gegenbewegung gegen Rationalismus, Aufklärung, die Macht der Führer und Massen, die Gewalt der technischen Erfindungen und die Veränderungen, die sie in Natur und Gesell-

Bürgermeister DuMont ca. 1798

Prof. Ferdinand Fritz Wallraf

Oberbürgermeister
Max Wallraf 1914

schaft hervorriefen. Die Romantik suchte in ihren besten und klarsten Erscheinungen die Welt vom Menschen her und versuchte vor allem, die originale Natur dieses Menschen selbst zu begreifen.

Beeinflusst durch Schlegel, auf Anregung des Pädagogen Schug und geleitet durch den Universitätsrektor Franz Ferdinand Wallraf gründete sich in Köln eine »Samstags-Nachmittags-Gesellschaft«, die sich später »Die Olympische Gesellschaft«[1] nannte.

»Sie bestand meist aus Künstlern und Gelehrten oder doch solchen, die an Kunst und Wissenschaft Anteil nahmen. Ganz besonders zeichneten sich ihre Mitglieder durch treue Liebe zur Vaterstadt Köln aus, die bei ihrem Führer Wallraf beinahe krankhaft war. (…) Neben Wallraf, der in der ›Olympischen‹ den Ehrensitz innehatte, war (Mathias Joseph) DeNoel einer der tätigsten und literarisch fruchtbarsten. Aus der ersten Zeit ihres Bestehens sind noch als Mitglieder der Gesellschaft bekannt: Schumacher, Katz, Nolden, Kunssen, Schauß, Schaaffhausen, Fonck, Koch, Heimsoeth, Dr. Peipers, die Professoren Gaffel und Lembert, dann der evangelische Prediger Bruch, ferner der Stadtsekretär Fuchs und J.M. NevenDuMont. (…) Das Kölner Hänneschen erfuhr durch die Olympier, besonders durch DeNoel, eine neue Würdigung. (…) Die Vorliebe der Olympier für Puppen- und Schattenspiele entsprach einem echt romantischen Lebensgefühl.«[2]

Es beschäftigten sich also höchste gesellschaftliche und intellektuelle Kreise mit dem Phänomen Hänneschen und verhalfen ihm so zu einer gewissen Bedeutung. Die bestand vor allem darin, dass das Hänneschen kölsche Sprache und Mentalität kultivierte. Als Ausdruck der Selbstbestimmung inmitten der Fremdbestimmung kam dies gerade recht.

Eine große Bedeutung in der Kölner Gesellschaft hat das Hänneschen heute immer noch – um genau zu sein: heute wieder. Denn es gab Unterbrechungen: zu Beginn des 20. Jahrhunderts und am Anfang der 70er Jahre. Aber nach wie vor ist die Präsenz dieses kölschen Volkstheaters in höchsten Kreisen beeindruckend.

Viele Oberbürgermeister und Bürgermeister dieser Stadt haben das Hänneschen unterstützt und gefördert. Oberbürgermeister Max Wallraf (1912) dachte auch schon an ein festes Zuhause für das Theater.

Konrad Adenauer bedankte sich persönlich für die ihm zugesandte Schrift »Das rheinische Puppenspiel«, das Niessen 1928 veröffentlichte. Ihm, Adenauer, ist es auch maßgeblich zu verdanken, dass das Hänneschen zu den »Puppenspielen der Stadt Köln« avancierte. Adenauer unterstützte Niessen bei seinen Forschungsbestrebungen und der damit einhergehenden Aufwertung des kölschen Puppentheaters. Zu einer dieser Bestrebungen von Niessen gehörte auch die Übernahme der Sammlung Löwenhaupt.

Wilhelm Löwenhaupt (31.5.1872–21.1.1935) war Apotheker in Mannheim und kaufte sich ein Haus neben dem berühmten Nationaltheater – um der Theaterkunst nahe zu sein. Schon im Kindesalter wurde im Hause Löwenhaupt Puppentheater gespielt. Bis nach München, Leipzig und die italienische Schweiz erstreckten sich die Kontakte des Puppenliebhabers und Sammlers. Und dann:

»*Eines Tages kam nach Offenburg ein großer vornehmer Herr mit ehrfurchtsgebietendem Vollbart und bat um die Erlaubnis, die Sammlung besichtigen zu dürfen. Es war Universitätsprofessor Dr. C. Niessen – Köln. Wann es war, kann ich leider nicht mehr sagen, da mir alle Unterlagen durch den Krieg verloren gingen. Aber dieser Besuch war entscheidend! (...) Die Verbindung mit dem lieben Freunde Professor Niessen brach nicht mehr ab, und es war schon zu Lebzeiten meines Vaters der Wunsch, daß, wenn er nicht mehr sein sollte, Prof. Niessen derjenige sei, der als der Würdigste Besitzer der Sammlung werden solle.*«[3]

Auch Oberbürgermeister Konrad Adenauer kümmerte sich um die Belange des Hänneschens

Die Sammlung Löwenhaupt wurde der Grundstock der Sammlung Niessen, die bis heute im Theaterwissenschaftlichen Institut als historische Quelle zur Geschichte des Hänneschen-Theaters aufbewahrt wird. Man könnte es fast ein Kuriosum nennen, dass ein Apotheker aus Mannheim der Sammlung Niessen in Köln zu ihrer eigentlichen Bedeutung verhalf.

Der ehemalige Bürgermeister Jan Brügelmann erinnert sich, dass es dem Hänneschen Anfang der 70er Jahre gar nicht so gut ging. Im Rathaus interessierte man sich nicht recht für Knollendorf, Sponsoren und Stiftungen gaben anderen Einrichtungen den Vorzug. Nicht so der »Verein zur Förderung des Kölnischen Brauchtums«. Denn der rief eine Rettungsaktion ins Leben. **Jan Brügelmann** berichtet:

Wilhelm Löwenhaupt

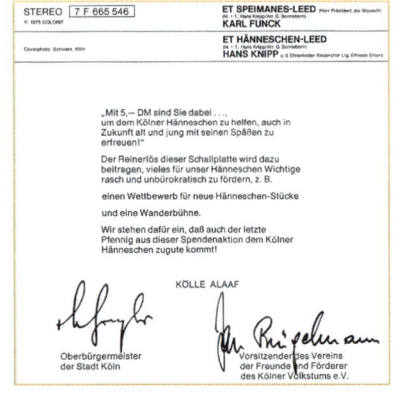

»Mit vergleichsweise geringen Mitteln ging man zur Sache. Als Erstes wurde 1975 von Hans Knipp mit Text komponiert: ›**Et Hänneschen Leed**‹. Der damalige Oberbürgermeister und heutige Ehrenbürger John van Nes Ziegler machte sofort mit und unterzeichnete mit dem Vorsitzenden des Vereins einen Aufruf zum Kauf dieser Stereo-Aufnahme. Überschrift: ›Mit 5,- DM sind Sie dabei, um dem Hänneschen zu helfen!‹ Ein stattlicher Reinerlös von über 10.000 DM und eine Sonderspende der Vereinsmitglieder ermöglichten eine Reihe von weiteren Initiativen (...).«[4]

Unter anderem regte der Verein einen Plakat-Wettbewerb bei der Kölner Fachhochschule an, stiftete dem Theater eine Hammond-Orgel und mehr, unterstützte die Herausgabe des Buches »Das Kölner Hänneschen – Geschichte und Deutung« (Max-Leo Schwering) und auch die Ausstellung zur 175-Jahr-Feier des Hänneschens in der Kunsthalle. Im Gürzenich veranstaltete der Verein eine Tombola zugunsten des Hänneschens, die Werbung und die Präsentation wurde unterstützt von einem viermal jährlich erscheinenden Heft, das über Wissenswertes im Theater berichtete. Die Redaktion hatte Max-Leo Schwering, die Gestaltung übernahm Heribert Brands.

Begleitet wurden diese Initiativen maßgeblich durch die Kölnische Rundschau und den Redakteur Engelbert Greis. Neben Sparkassen, Banken und großen Unternehmen bekundete Ex-Oberbürgermeister Theo Burauen auch nach seiner Amtszeit seine Unterstützung und seine Hilfsbereitschaft für dieses Haus.

Doch ganz so einfach war es nicht. Am Anfang stand der Streit der Sparkassen. Aus dem Versuch der Neuordnung des Sparkassenwesens in Köln ging als äußeres Zeichen des Friedensschlusses u.a. die »Kölner Kulturstiftung der Kreissparkasse Köln« hervor, die drei große kölnische »Traditionsunternehmen« der Stadt gemeinsam fördern wollte. Im Jahr 1983 nahm die Kulturstiftung mit einem Kapital von sieben Millionen ihre Arbeit für das Kölnische Stadtmuseum, den Kölner Zoo und das Hänneschen-Theater auf. Als das Theater in den Jahren 1985/86 mit einem Gesamtkostenaufwand von vier Millionen Mark renoviert wurde, gab die Kölner Kulturstiftung der Kreissparkasse Köln 500.000 Mark dazu. Mit diesem Geld konnte der heutige »Flachbau« mitumgebaut werden – der Gebäudeteil am Eisenmarkt, der »flach« an das mehrstöckige Haus angebaut wurde, das sich bis zur Markmannsgasse erstreckt. In diesem Flachbau befinden sich die Werkstatt der Requisite und das Lager für die Kulissen, die aktuell im Spielbetrieb gebraucht werden. Dass dieses Geld bereitgestellt wurde, ist auch der Zustimmung des damaligen Oberbürgermeisters Norbert Burger als Kuratoriumsvorsitzenden der Kulturstiftung zu verdanken. Bis heute kamen dem Theater 1,8 Millionen Mark aus Geldern der Stiftung zugute – unter anderem wurde damit die Ausweichspielstätte in der Wolkenburg während des Umbaus finanziert.

Wie kam es schließlich zur Entstehung des Fördervereins? Der Vorstandsvorsitzende (seit Gründung bis heute!) Dr. Hans-Joachim Möhle erzählt:

»Der damalige Spielleiter des Hänneschen-Theaters, Dr. Gérard Schmidt, rannte bei uns mit seiner Idee, einen Förderverein zu gründen, offene Türen ein. So haben wir gemeinsam die Initiative ergriffen.«

Gérard Schmidt kümmerte sich um die Gründungsmitglieder. Angesprochen wurden Menschen, die ihre Bindung an das Hänneschen-Theater durch die verschiedensten Tätigkeiten in öffentlicher Funktion repräsentierten. Und schließlich trafen sich diese Menschen *»am 13. Februar 1986 (…) um 14.30 Uhr (…), um den Verein ›Förderverein der Freunde des Hänneschen-Theater e.V.‹«* (ohne »s« – kein Druckfehler …) zu gründen[5]. Fünf Vorstandsmitglieder und elf Beiratsmitglieder wurden eingesetzt; zum Vorsitzenden gewählt wurde Dr. Hans-Joachim Möhle, damals Vorstandsvorsitzender der Kreissparkasse Köln. Seine Stellvertreterin wurde Gisela Heidecke (verstorben), Ehefrau des früheren Regierungspräsidenten. Geschäftsführer wurde Spielleiter Gérard Schmidt (verstorben), Schatzmeister (bis heute!) Reinold Louis, damaliger Geschäftsführer der Stiftungen der Kreissparkasse Köln, und Beisitzer Dr. Hans Schieffer (verstorben), damaliger Geschäftsführer der Hubertus-Brauerei.

Der Spielleiter ist »geborenes« Mitglied im Vorstand, und so hat heute Intendant Heribert Malchers die Funktion des Geschäftsführers übernommen. Die Mitglieder des Beirats hießen Bernd Assenmacher (ehemaliger Präsident des Festkommitees Kölner Karneval), Peter Nestler (damaliger Kulturdezernent), Jan Brügelmann (ehemaliger Bürgermeister der Stadt Köln), Dr. Max-Leo Schwering (damals Kustos des Kölnischen Stadtmuseums), Engelbert Greis (damals Leiter der Lokalredaktion der Kölnischen Rundschau), Klaus Zöller

(damals Leiter der Lokalredaktion des Kölner Stadt-Anzeigers), Richard Griesbach (ehemaliger Baas des Altermarktspielkreises), Dr. Heribert A. Hilgers (damaliger Dozent am Historischen Seminar der Uni Köln und 1. Vorsitzender des Heimatvereins Alt-Köln), Marianne Trompeter (damalige Schulamtsrätin und zuständig für Brauchtumspflege an Kölner Schulen), Willy Millowitsch (Kommentar überflüssig), Barbara von Sell (Ehefrau des damaligen WDR-Intendanten) und Hans Friedrich (damaliger Besteva-Darsteller) als Vertreter des Ensembles.

Die aktuellen Mitglieder des Vorstands und des Beirats sind im nebenstehenden Kasten aufgeführt.

Vorstand:
Dr. Hans-Joachim Möhle (Vorsitzender)
Hans Seigner (stellv. Vorsitzender)
Heribert Malchers (Hänneschen-Intendant)
Reinold Louis (Schatzmeister)
Cornelia Lübbe-Roggen (Beisitzerin)

Mitglieder des Beirates:
Dr. Heribert A. Hilgers (Vorsitzender)
Marianne Trompeter (stellv. Vorsitzende)
Bernd Assenmacher
Jan Brügelmann
Prof. Elmar Buck
Dr. h.c. Norbert Burger (Oberbürgermeister a.D.)
Hans-Horst Engels
Dr. Michael Euler-Schmidt
Engelbert Greis
Marie Hüllenkremer
Fritz Schramma (Oberbürgermeister der Stadt Köln)
Klaus Zöller
Uschi Hansmann (Vertreterin des Ensembles)

Der protokollführende Notar, Dr. Winfried Rings, der Gründungsniederschrift und Satzung zu rechtskräftiger Form verhalf, wurde auch gleich Mitglied – und ist es bis heute. Dr. Rings ist eines von 2.177 Mitgliedern, die der Förderverein zum jetzigen Zeitpunkt zählt (Stand: November 2001). Bemerkenswert ist auch, dass sowohl der ehemalige Oberbürgermeister Norbert Burger als auch der amtierende OB Fritz Schramma gemeinsam im Beirat des Fördervereins sitzen.

Der Verein ist weder ein »Becken für Uralteinwohner« geworden noch eine »Kartenbeschaffungsanstalt« – wie so manch Unkender bei der Gründung vielleicht gedacht hat. Im Gegenteil: Betrachtet man die Alterspyramide der Mitglieder, so stellt sich heraus, dass zwei Drittel jünger sind als fünfzig Jahre. Und was die Karten angeht: Als der Verein sein »Zuckerbrot« – zwei Kauf-Karten für die Puppensitzung jährlich – reduzieren musste auf einen Zweijahresrhythmus, hat das keine vermehrten Austritte nach sich gezogen.

Offenbar gibt es andere Gründe für das Interesse der Menschen am Förderverein: Ziel und Aufgaben, die er sich gesetzt und zu großen Teilen auch schon umgesetzt hat. Das Hauptaugenmerk liegt dabei immer darauf, die »*tiefen Bindungen zwischen Bevölkerung und den Puppenspielen der Stadt Köln zu pflegen und zeitgemäß weiterzuentwickeln*« (aus der Satzung). Durch die verschiedensten Aktivitäten steht das Theater immer wieder im Licht der Öffentlichkeit und dokumentiert seine Beziehung zu den Menschen der Stadt, auch zu den jungen und neu hinzukommenden Einwohnern. Zum Beispiel durch die beliebte Hänneschen-Kirmes, die im letzten Jahrzehnt zu einem großen Volksfest auf dem Eisenmarkt geworden ist, werden viele junge Leute für das Theater interessiert.

Vorstand und Geschäftsstelle des Fördervereins: Hans Seigner, Erika Schmitz (Geschäftsstelle), Dr. Hans-Joachim Möhle, Heribert Malchers und Reinold Louis

Mit Hilfe dieser Bindung der Kölner an »ihr« Hänneschen-Theater kann der Förderverein künstlerische Projekte des Hänneschens direkt fördern und konkret zur Qualtiätsverbesserung der Aufführungen beitragen – sei es durch den Kauf eines Bechstein-Flügels oder durch die Anschaffung eines Musik-Computers. Seit Gründung des Vereins wurde das Theater mit einem Gesamtbetrag in Höhe von einer Million Mark unterstützt.

Unter anderem wurde von diesem Geld auch die bis vor acht Jahren brachliegende erneute wissenschaftliche Beschäftigung mit einer der theatergeschichtlich bedeutsamsten Erscheinungen des deutschsprachigen Raums – gemeint ist das Hänneschen-Theater – finanziert. Der Theaterwissenschaftler Hans-Peter Beyenburg erstellte eine umfassende Dokumentation über den Manuskriptbestand der Puppenspiele seit den 20er Jahren. Heute wird diese Arbeit von der Autorin dieses Beitrags kontinuierlich fortgeführt und aktualisiert. In den Jahren 1999 und 2000 wurde die Forschungsarbeit des Theaterwissenschaftlers Dr. Jürgen Trimborn finanziert, der eine Bestandsaufnahme der Sammlung Niessen fertigte und seine Ergebnisse in einer umfangreichen Datenbank dokumentiert – die wiederum für einige der hier entstandenen Kapitel als Grundlagenmaterial diente.

Und nicht zuletzt sorgt das Fördervereinsjournal »Hinger d'r Britz« dafür, dass die Mitglieder des Vereins immer einen Informationsvorsprung haben und wissen, was wirklich hinger d'r Britz passiert.

»Spendenannahme«

Neben diesen beiden ständigen »Großförderern«, der »Kölner Kulturstiftung der Kreissparkasse Köln« und dem »Förderverein der Freunde des Kölner Hänneschen-Theaters e.V.« gibt es auch einige Unternehmen, die sich immer wieder als Sponsoren beteiligen.

Dass das Hänneschen-Theater heute wieder einen gesellschaftlichen Stellenwert hat, lässt sich neben der großen Förderbereitschaft auch an den zahlreichen Einladungen von Kölner Bürgern, Unternehmen oder Vereinen ablesen, die ins Haus flattern und die die Mitarbeiter aus Zeitgründen gar nicht alle wahrnehmen können.

Ob Hanns Dieter Hüsch mit einem riesigen Strauß roter Rosen auftaucht, Christel Phillipsen (zeitweilig auch Schauspielerin beim Millowitsch-Theater)

über Jahre hinweg ein stattliches Buffet an Weiberfastnacht für die »janze Schwitt« serviert oder einfach treue Hänneschen-Fans Geldspenden und Ää-pelschloot met Frikadelle am Bühneneingang abgeben – es ist fast schon zur Gewohnheit geworden, im Hänneschen beschenkt zu werden. Aber nur fast. Denn das größte Geschenk ist immer noch der allabendliche Applaus. Und der ist nicht alltäglich, sondern immer wieder etwas Besonderes. Wie das Hänneschen. Es lebt inmitten eines kölschen Netzwerks, das längst über den Begriff »Klüngel« erhaben ist.

Anmerkungen

1 Die Gesellschaft traf sich im Sommer in einem Lokal am Bollwerk, das wie ein zweiter Olymp (Berg der griechischen Götter der Antike) hoch über dem Rhein lag. (vgl. Schwering 1982, S. 59)

2 Dr. Adolf Giesen: Eberhard von Groote. Ein Beitrag zur Geschichte der Romantik am Rhein. Volksvereins-Verlag 1929, S. 34 – 38

3 Der Sohn Prof. Friedrich Löwenhaupt: In Memoriam Wilhelm Löwenhaupt

4 Aus einem Brief an die Autorin

5 Zitat aus der Niederschrift der Gründungsversammlung

Auf dem Eisenmarkt 1983

Ein Theater mit bester Auslastung:
Zahlen, Fakten, Statistiken

Schlägt man in den an und für sich nüchternen Verwaltungsberichten der Stadt Köln unter dem Stichwort »Puppenspiele« nach, erschließt sich eine einzigartige Erfolgsstory. Seit über einem Jahrzehnt sind die Abendstücke des Hänneschens ausverkauft. Für die Puppensitzung braucht es sogar Ausdauer und/oder Glück, um eins der begehrten Tickets zu ergattern. Die rund 270 Vorstellungen pro Spielzeit wollten in der Vergangenheit immer annähernd 70.000 Zuschauer sehen. Kein Wunder, dass Intendant Heribert Malchers, der seit Juli 1988 die Geschicke des Theaters lenkt, hochzufrieden ist.

Monika Salchert

Aus der Anfangszeit des Hänneschen-Theaters gibt es keine Verwaltungsberichte und Statistiken, die die Erfolge des Theaters widerspiegeln. Dass das Puppentheater von Johann Christoph Winters schon in den ersten Jahren nach der Gründung die Menschen faszinierte und in Köln Bedeutung erlangte, lässt sich eher indirekt erschließen. Schon 1804 berief sich Winters in einem Gesuch an den Bürgermeister Wittgenstein auf die vielen »ansehnlichen und honetten Leute, die Ihnen wohl bekannt sind«[1] Zu seinem Publikum zählten offenbar angesehene Bürger der Kölner Gesellschaft. Dies ist zweifellos ein Indiz für die Popularität des Puppenspiels. Ein weiterer Beleg für den damaligen hohen Bekanntheitsgrad des Theaters ist die Tatsache, dass die Charaktere des Hänneschen-Theaters schon ab 1823 feste Bestandteile der Rosenmontagszüge waren.

Die Menschen eilten also in Scharen ins Hänneschen. Dies wissen wir beispielsweise aus einer Erzählung von Otto Nettscher. Von ihm ist 1887 eine Serie in der Kölnischen Volkszeitung erschienen. Überschrieben hat er seine Ausführungen mit dem Titel »Das Kölner Hänneschen vor 40 Jahren«. Die Schilderungen lassen sich demnach also ungefähr in das Jahr 1847 datieren. Nettscher beschreibt die Saison-Eröffnung des »Krippchen zu Allerheiligen« so:

»Dann konnte man uns Kinder von damals in hellen Haufen gegen 6 Uhr abends jenes Gäßchen aufsuchen sehen; seinen Namen habe ich leider vergessen.«

Den reicht Carl Niessen nach. Es handelte sich um die Wahlgasse, und da wurde damals Hänneschen-Theater gespielt.

Andrang im Hof der Sternengasse 1927

War es dem einfallsreichen Hänneschen-Gründer Winters über Jahrzehnte gelungen, das Theater zu stabilisieren, so schafften es seine Nachfolger zunächst nicht, dieses Erbe zu bewahren. Zu unterschiedlich waren die Interessen, zu viele sahen sich als die einzig rechtmäßigen Nachfolger Winters.

Erst die um die Jahrhundertwende wachsende Überzeugung, dass die Stützung des vaterstädtischen Gedankens und der kölschen Muttersprache wichtig für die Stadt waren, ließ auch für das Hänneschen eine neue Ära anbrechen.

Gesellschaften und Vereine wurden gegründet, die diese Ziele vertraten. So beispielsweise der »Heimatverein Alt Köln« (1902) und der »Kölnische Geschichtsverein« (1907). Sie sahen in einem starken Puppentheater eine erfolgversprechende Möglichkeit, ihre Ziele zu verwirklichen, und unterstützten von 1912 an das von der Witwe Peter-Josef Klotz geführte »Älteste Kölner Hänneschen-Theater« als rechtmäßige Erbin von Johann Christoph Winters.

Die damalige Wertschätzung für das Hänneschen zeigte sich auch in der Tatsache, dass dem Theater 1913 ein Denkmal gesetzt wurde. Das Werk des Stein-

hauers Simon Kirschstein zeigt Besteva sitzend und daneben stehend Hänneschen mit Hund, heute noch zu sehen in der Straße Im Dau.

Der beginnende Aufschwung wurde durch den Ausbruch des Ersten Weltkrieges jäh gestoppt. Erst nach Kriegsende wurden die Anstrengungen wieder aufgenommen. Noch ohne eigene Spielstätte errang das Hänneschen seine ersten Erfolge. In der Aula der Ursulinenschule wurde das Stück »Dr. Faust« 1920 immerhin an vierzehn Abenden gespielt.

Den Durchbruch brachte die Präsentation des Theaters auf der Jahrtausend-Ausstellung der Rheinlande 1925 in der Kölner Messe; sie wurde ein Riesenerfolg, mehrere Vorstellungen wurden täglich gespielt. In einem in dem Heft »Das alte Kölner Hänneschen-Theater« überlieferten Bericht äußerte sich ein gewisser Otto Klein geradezu überschwenglich über den Erfolg der Bühne:

»Es (das Hänneschen) hatte bei täglich bis zu acht Vorstellungen ein stets ausverkauftes Haus und brachte es insgesamt zu 359 Vorstellungen, mit einer schätzungsweisen Besucherzahl von 75.000, die sich nicht allein aus Rheinländern, sondern auch aus Ostpreußen, Westfalen, Bayern u.a. sowie auch aus Ausländern, namentlich Engländern und Amerikanern, zusammensetzte.«

Klein hielt das Hänneschen für »ein außerordentlich wertvolles Erziehungsmittel für die Jugend« und sah in dem Theater zudem ein »Kampfmittel gegen den Schund«. Außerdem sei es ein »Freudenbringer für jung und alt«[2].

Auf Theaterzetteln aus dieser Zeit wurde damit geworben, dass das »Alte Kölner Hänneschen-Theater« den »größten Erfolg der letzten Jahre« zu verzeichnen habe. Mal war von »2000 Vorstellungen in 20 Monaten« die Rede, dann hieß es plakativ »4000 ausverkaufte Vorstellungen! 2 Millionen Besucher«.

Schon unter Oberbürgermeister Max Wallraf (1907 bis 1917) war die Diskussion um die Führung des Hänneschens unter städtischer Regie entfacht worden. Die Bemühungen vor allem

Wochen vor dem Verkauf der Karten für die Puppensitzung schlagen die Fans ihr Lager am Theater auf. Nur so besteht eine Chance, eins der begehrten Tickets zu ergattern.

*Seit 1938, wenn auch in der Folgezeit mit zeitlich begrenzten Auslagerungen,
sind die Puppenspiele am Eisenmarkt beheimatet.*

der Mitglieder der »Kommission zur Wiederbelebung der Kölner Puppenspiele« führten schließlich zum Erfolg.

Seit die »Kölner Puppenspiele« ein städtisches Theater sind (1926), werden von der Stadtverwaltung genaue Statistiken und Berichte über die Besucherzahlen geführt. Gesicherte Auslastungszahlen des Theaters für eine komplette Spielzeit liegen erstmals für 1927/28 vor. Exakt 169.948 Besucher hatten am Ende der Spielzeit das Theater besucht. Freilich hatten sie dazu auch 749-mal Gelegenheit gehabt. Denn so viele Vorstellungen wurden angeboten. Eine schier unglaublich große Zahl. Das aus sechs hauptamtlichen Spielern bestehende Ensemble hatte keinen spielfreien Tag. Nach Einschätzung des früheren Direktors bei den Historischen Museen der Stadt Köln, Max-Leo Schwering, beruhte der enorme Zuschauerzuspruch allein auf Neugier.

Die Rekordzahl aus den Jahren 1927/28 wurde zwar nie wieder erreicht, aber der Reiz des Neuen ließ sich lange Jahre auf hohem Niveau konservieren. Die ersten Jahre stoppte die Registriermaschine immer erst bei einer Zahl, die weit über 100.000 Besuchern lag: In der Spielzeit 1928/29 lösten 135.754 Zuschauer ein Billet. Dies war ein leichter Besucherrückgang, der in dem entsprechenden Verwaltungsbericht mit der ungewöhnlich lang andauernden Kälteperiode erklärt wurde. 1929/30 kamen wieder 154.478 Besucher in insgesamt 720 Vorstellungen. Für die folgende Spielzeit wurden 116.579 Besucher gezählt. Der

entsprechende Bericht besagt: »*Das Theater erfreut sich in der Bevölkerung allgemeiner Beliebtheit.*«

Als 1932/33 das Spektakel nicht mehr ganz so rund lief – es kamen nur 81.908 Zuschauer –, reagierten die Verantwortlichen sofort. Es wurden Sondervorstellungen mit verbilligten Karten für Arbeitslose und kinderreiche Familien angeboten. Außerdem wurde im Sommer 1933 ein Wettbewerb zur »Erlangung neuer Puppenspieltexte« ausgeschrieben – insgesamt gingen achtundzwanzig Stücke ein.

Offenbar griffen die Maßnahmen. Schon in der Spielzeit '33/'34 fanden wieder deutlich mehr Menschen den Weg ins Theater; insgesamt waren es 112.231.

Die Verwaltungsberichte und die darin aufgelisteten Besucherzahlen des Hänneschen-Theaters erzählen nicht nur Geschichten, sie legen auch Zeugnis ab von historischen Ereignissen: Noch vor Ausbruch des Zweiten Weltkrieges am 1. September 1939, dem Tag, als deutsche Truppen die polnische Grenze überschritten, spürte auch das Hänneschen-Theater die Auswirkungen der sich verschärfenden politischen Situation. Vom 28. April bis zum 2. September waren die Puppenspiele geschlossen, »*weil die Mitglieder im Interesse der Allgemeinheit für Wirtschaftsstellen zur Verfügung stehen mussten*«[3]. Ab dem 3. September 1939 konnte wegen Verdunklungsmaßnahmen zunächst nur nachmittags gespielt werden. An diesem Tag hatten England und Frankreich Deutschland den Krieg erklärt. Aber schon vom 23. September an lief der Theaterbetrieb mit täglich zwei Vorstellungen zunächst wieder normal weiter.

Für das Jahr 1940 steht nur die magere Zahl von 95 Vorstellungen und 12.395 Besuchern in den Akten. Zu Buche schlug je-

An der Außenwand des Theaters erinnert eine Gedenktafel an den Gründer Johann Christoph Winters.

doch auch lediglich der Zeitraum vom 1. April bis zum 3. Juni 1940. Dann wurde das Theater geschlossen. Und die ebenso bekannte wie beliebte Frage »Sid ehr all do?« sollte erst nach acht Jahren, am 8. September 1948, wieder gestellt werden.

Auch für die theaterlose Zeit schweigen die Verwaltungsberichte nicht. So vermeldet die Ausgabe 1947/48, dass am 1. April 1947 das Amt für kölnisches Volkstum ins Leben gerufen wurde:
»Die praktische Arbeit galt zunächst dem Puppenspiel und der Mundartdichtung. Die Wiederbelebung der Städtischen Puppenspiele wurde vorbereitet, ebenso die Einrichtung eines Schulhänneschens in der Volksschule Manderscheiderplatz und zur Belebung des Puppenspielgedankens in der Bürgerschaft eine Arbeitsgemeinschaft der Liebhaber-Puppenspieler in Köln gebildet.«

Der Spielleiter des Wiederaufbaus war Karl Funck. Sein Vorgänger Hans Berschel war im Krieg gefallen. Weil das Haus am Eisenmarkt im Krieg zerstört worden war, hob sich der Vorhang bis auf weiteres im Hörsaal I der Universität.

Von 1951 bis Anfang der 70er Jahre wurden wieder – von einigen Ausreißern abgesehen – beständig über 100.000 Besucher gezählt. Zu den Ausreißern gehörte die Spielzeit 1958/59. Für 504 Vorstellungen wurden »nur« 97.079 zahlende Zuschauer gezählt. Auch in diesem Fall waren die Mitarbeiter des Statistischen- und Wahlamtes, zuständig für die Abfassung der Verwaltungsberichte, bemüht, eine Erklärung beizubringen. Sie lautet: *»Die Bautätigkeit auf den angrenzenden Grundstücken hat stark zugenommen. Dadurch sind die Puppenspiele vom Heumarkt aus nicht mehr sichtbar und schwer zu finden.«*

Seit 1960 bleibt das Theater an zwei Tagen in der Woche geschlossen. Dennoch wurden in der Spielzeit 1960/61 immerhin noch 445 Vorstellungen gegeben, die 95.161 Zuschauer sehen wollten.

Nach der Spielzeit 1971/72 überschritt die Zuschauerzahl nicht mehr die magische Grenze von 100.000 Besuchern. Im Gegenteil. Für das Hänneschen wurden in den Folgejahren schwächere Besucherzahlen gezählt. Es wurden aber auch weniger Vorstellungen gegeben. Zum Vergleich: In der Spielzeit 1971/72 waren es noch 531 Aufführungen. Danach sank die Zahl deutlich unter 400. Den absoluten Tiefpunkt stellte die Spielzeit 1985/86 dar. Die 309 Vor-

In den Pausen werden im Foyer erste Eindrücke vom Stück ausgetauscht.

stellungen besuchten 56.122 Zuschauer. In diesen Zeitraum fällt zwar die Totalsanierung des Hauses und das damit verbundene Leben im Exil in der Wolkenburg. Aber auch die folgenden zwölf Monate gaben ein kaum freundlicheres Bild ab. Bei 56.741 zahlenden Besuchern war in der Spielzeit 1986/87 Schluss. Allerdings gab es auch nur 273 Aufführungen. Ein weiterer Grund für den Rückgang mögen die in die Öffentlichkeit getragenen heftigen Querelen zwischen Teilen des Ensembles und Spielleiter Dr. Gérard Schmidt gewesen sein (vgl. Kapitel 8, S. 172).

Wie in der wechselvollen Vergangenheit schon häufiger, hat sich die Situation inzwischen wieder stabilisiert. Die Abendstücke des Theaters sind, wie eingangs erwähnt, seit nunmehr vierzehn Jahren ausverkauft. Das Hänneschen hat demnach in 200 Jahren nichts an Faszination eingebüßt. Auch im Jahr 2002 gilt: Die Knollendorfer können sich erfolgreich gegen die Konkurrenz aus Funk, Fernsehen und Menschentheater durchsetzen.

Anmerkungen

1   Max-Leo Schwering, Das Kölner »Hänneschen«-Theater, Seite 108 f.
2   Otto Klein, Hänneschens Abschied von der Jahrtausend-Ausstellung der Rheinlande in Köln 1925, in:
    »Das alte Kölner Hänneschen-Theater«, Köln 1931, Seite 23 ff.
3   Verwaltungsbericht der Hansestadt Köln für die Spielzeit 1939/40

11

Das neugestaltete Haus am Eisenmarkt beim Einzug 1938: In 495 Einzelbildern bemalten Peter Strausfeld, Jupp Ruland und Albrecht Müller die Holzdecke.

Frauke Kemmerling

Perspektiven für die nächsten 200 Jahre:
Ziel, Profil, Botschaft einer kölschen Institution

Das Hänneschen ist die älteste ortsfeste Puppenbühne im deutschsprachigen Raum und eines der größten Puppentheater Westeuropas. Äußerst ungewöhnlich und bemerkenswert ist die Förderung durch die öffentliche Hand als »Städtische Bühne«. Es ist damit das einzige Figurentheater Deutschlands, das von seiner Stadt getragen wird. Und trotz seiner schwerpunktmäßig inhaltlichen Begrenzung auf die Kölner Lokalkultur nimmt es eine Sonderstellung im nationalen und internationalen Vergleich ein. Daraus folgt eine hohe künstlerische Verantwortung und eine schwierige Balance zwischen Tradition und Fortschritt, zwischen »Kölsch-Kultur« und Allgemeingültigkeit.

Bestimmte Grundsätze aber sind dem Hänneschen heilig. Da ist zum einen die Pflege der lebendigen kölschen Sprache, die in Kombination mit dem gewachsenen Typenkanon die unverwechselbare Ausdrucksqualität und den besonderen Humor dieser Theaterform dokumentiert. Da sind zum anderen die Vorgaben und Möglichkeiten einer Stockpuppe, die nicht verändert werden können.

Titelblatt eines Programmhefts zur
150 - Jahrfeier des Theaters.
Gestaltet von Gisela Kuske.

Was veränderbar ist, sieht man unter anderem an der Weiterentwicklung der Stückinhalte und an den Dialogen. Im Zuge der Modernisierungsversuche in den 50er Jahren wurde hier angesetzt. Ein Stückwettbewerb mit über 70 Stückeinsendungen brachte aber letztendlich keine Veränderung, da diese Stücke niemals auf den Spielplan genommen wurden. Spielleiter Karl Funck (von 1948 bis 1980) setzte auf die alten Milieu-Stücke und war der festen Überzeugung, dass dies der Auftrag und die Bestimmung des Theaters sei. Ein etwas zu forsches Tempo in Bezug auf die Erneuerung schlug der Spielleiter Gérard Schmidt (von 1983 bis 1988) an. Er wollte aktuell und modern verfremden, machte den Typus des schälen Filou zu einer Erotik-Parodie in Strapsen (»Knolli Horror Schäl Schau«). Letztlich scheiterte die Konzeption daran, dass er sein Ensemble nicht geschlossen hinter sich bringen konnte. Dies ist besonders tragisch, weil Gérard Schmidt der Überzeugung war, dass eine Fortentwicklung nur durch die Bündelung aller künstlerischen Kräfte des Hauses möglich ist.

Der Begriff »Ensembleproduktion« als Ausdruck des gemeinsamen Entstehungsprozesses für ein Stück findet sich heute noch im Untertitel der karnevalistischen »Puppensitzungen« für Erwachsene. Hier zeigen sich die Stärke und das kreative Potenzial der Puppenspielerinnen und Puppenspieler in ihrer ganzen Fülle. Selbst geschriebene Büttenreden reihen sich an Eigenkompositionen und selbst getextete Lieder, ganze Szenen werden gebaut (z.B. die so genannte »Wooschpräsentation«), und kabarettistische Einschläge wie Prominenten-Imitationen oder Parodien auf Fernsehsendungen würzen das Ganze noch mit einem Schuss Aktualität. Schaut man sich die Kartenverkaufszahlen an, so scheint dies die richtige Mischung zu sein, die sich unter dem Spielleiter und heutigen Intendanten Heribert Malchers (seit 1988) etabliert hat.

Sein Ansatz ist es, Brauchtum, kölsche Sprache und die Verarbeitung aktueller Themen im besten Volkstheatersinne für das Hänneschen umzusetzen. Mit Nachwuchsproblemen auch in Bezug auf diese Ziele musste sich Malchers – im Gegensatz zu seinen Vorgängern – nicht herumschlagen. Aus dem Kreis der Puppenspieler sind – besonders verstärkt in den letzten zehn Jahren – einige Stückschreiber hervorgegangen. Und die Regie ist ebenfalls hausgemacht. Unter anderem von Malchers selbst. Die Abendstücke der letzten zwölf Jahre (seit

1990) schrieb und inszenierte der stellvertretende Spielleiter Peter Ulrich, Kinderstücke wurden von Malchers, Stefanie Brands, Iris Schlüter, Udo Müller und Charly Kemmerling verfasst und inszeniert. Bis 1990 arbeiteten auch Erwin Heine und Hans Friedrich als Autoren und Regisseure.

Aber Wünsche bleiben immer offen. So hat sich Malchers vorgenommen, den Erfolg des Theaters weiter zu stabilisieren. Und dazu gehört auch, sich gezielt um »Nachwuchspublikum« und Nachwuchs im künstlerischen Bereich zu kümmern. Vielleicht lässt sich außerdem noch einmal in Erinnerung bringen, dass der ursprüngliche Bühnenturm den Bomben des Zweiten Weltkrieges zum Opfer fiel. Die »Wiedereröffnung« wäre eine große Sache, die den technischen Stand der Zeit vor dem Krieg wiederherstellen und damit eine wesentliche Entlastung des Spielbetriebs für Spieler und Zuschauer mit sich bringen könnte: Die Puppenspieler müssten nicht mehr neunmal am Tag umbauen und die Zuschauer nicht mehr so lange während der Umbaupausen ausharren. Eine Perspektive ganz praktischer Art.

»Wie Schattenspiel im Gegensatz zu Asien nicht zum Daseinsgefühl Europas stimmt und deshalb immer eine Treibhauspflanze bleiben muß, paßt es insbesondere wenig zur Sinnlichkeit des Rheinländers. Die derbste Form des Puppenspiels – Das Hänneschen – war der eigentliche Ausdruck rheinischen Wesens.« [1]

Carl Niessen brachte es auf den Punkt. Das Hänneschen trifft das Daseinsgefühl des Rheinländers.

Wie schon im Vorwort ausgeführt, ist die Faszination der Menschen für ihr »Kölsch Hännesche« letztlich nicht wissenschaftlich zu »klären«. Was bleibt, ist die immerwährende Sehnsucht.

Anmerkung

1   *Niessen, Das rheinische Puppenspiel 1928, S. 19*

Quellen & Literatur

Quellen

Archiv des NS-Dokumentationszentrums (EL-DE-Haus), Köln

Archiv des Kölner Stadtkonservators

Brief von Jan Brügelmann vom 13.6.2001: Beschreibung der jüngeren Geschichte des Hänneschen-Theaters in den 70er Jahren.

Hänneschen-Datenbank. Erfasste Objekte zur Geschichte des Kölner Hänneschen-Theaters in den Beständen der Theaterwissenschaftlichen Sammlung auf Schloß Wahn, des Kölnischen Stadtmuseums und des Historischen Archivs der Stadt Köln.

Personalakten der Puppenspieler aus dem Historischen Archiv der Stadt Köln

Private Aufzeichnungen und Materialien von Werner Schulz

Private Stammbaumaufzeichnungen von Magdalen Nicolaus (Nachfahrin von J. Chr. Winters. Stief-Enkelin der 2. Witwe Klotz Elisabeth Bey) vom 11.5.1987

Selbstauskünfte der Puppenspieler des Hänneschen-Theaters vom 8.08.2001

Textarchiv des Hänneschen-Theaters

Verwaltungsberichte der Stadt Köln 1926 ff aus dem Historischen Archiv der Stadt Köln

Gepräche (in alphabetischer Reihenfolge)

Hans Axler (14.10.2001), Hans Bedbur (17.08.2001), Andreas Blaschke (14.10.2001), Kurt Brünler (10.10.2001)

Hans Friedrich (10.06.2001), Hans-Rolf Fuchs (28.10.2001), Gisela Funck (24.09.2001),

Erwin Heine (08.06.2001), Heinz Plinke (24.09.2001), Anita Riotte (14.10.2001), Günter Schlig (25.08.2001), Gisela Späth (10.11.2001), Peter Ulrich (09.10.2001),

Werner Schulz (mehrere Gespräche im Vorfeld und 23.02.2001), Grete Zimmermann-Schmaglowski (mehrere Gespräche im Vorfeld und 14.10.2001)

Literatur

Bayer, J.: Das Kölner Hänneschen im Jahre 1834. In: Zeitschrift Alt-Köln, 1928 (17. Jg), Heft 5, S. 141-149

Bayer, J.: Aus der Kindheit des "Kölner Hänneschen". In: Alt-Köln, 1929, 18, S. 41 ff

Beyenburg, H.-P.: Hänneschen-Stücke 1926-1990. Dokumentation über den Manuskriptbestand der Puppenspiele der Stadt Köln. (2 Bände) Köln 1991.

Beyenburg, H-P.: In: Hinger d`r Britz, Ausgabe 2, Juni 1991

Beyenburg, H-P.: In: Hinger d'r Britz, Ausgabe 3, November 1991 (Interview mit Karl Funck)

Bonk, W.: Die Entwicklung der Millowitschbühne von ihren Anfängen bis zur Gegenwart. Diss. Würzburg 1982.

Borger, H. (Hrsg.): Historische Museen der Stadt Köln, Kölner Geschichtsjournal 1/76. Das Hänneschen lässt die Puppen tanzen. Köln 1976.

Bützler, T.: Kleine illustrierte Geschichte der Stadt Köln. Köln 1947.

Das alte Kölner Hänneschen-Theater. Eine neue Gabe rheinischer Volkskunst mit 6 Bildern. Köln 1929.

Das alte Kölner Hänneschen-Theater. Die dritte Gabe für Freunde rheinischer Volkskunst mit 27 Bildern. Köln 1931.

Das neue Köln 1945-1995. Eine Ausstellung des Kölnischen Stadtmuseums in der Josef-Haubrich-Kunsthalle Köln. 1994.

Ennen, H.: Die Olympische Gesellschaft zu Köln. Ein Beitrag zur Kölner Literaturgeschichte der Neuzeit. Würzburg 1880.

Ennen, L.: »Das Theater im alten Köln«. In: Kölnische Blätter 1868.

Figurentheater. Vierteljahreszeitschrift. 10. Jahrgang, Heft 1. März 1969, S. 9 ff

Giesen, A.: Eberhard von Groote. Ein Beitrag zur Geschichte der Romantik am Rhein. Gladbach-Rheydt 1929.

Hinger d`r Britz. Journal für die Mitglieder des »Fördervereins der Freunde des Kölner Hänneschen-Theaters e.V.«. Ausgaben 2, 3, 5, 6, 7, 10, 13.

Jung-Cöln. Jugendschrift. Herausgegeben im Auftrag der Schulverwaltung der Stadt Köln, 6. Jahrgang, 1917/18. DuMont Schauberg Köln, S. 194 ff

Kasten, O.: Das Theater in Köln während der Franzosenzeit 1794-1814. Diss. Bonn 1928.

Klein, O.: Hänneschens Abschied von der Jahrtausend-Ausstellung der Rheinlande in Köln 1925.

Klersch, J.: »Beiträge zur Geschichte der Puppenspiele in Köln«. In: Figurentheater, 7. Jahrgang, Heft 3, S. 327 ff

Klersch, J.: »Meister des Puppenspiels« Puppenspiele der Stadt Köln (Spielleitung Karl Funck), hrsg. vom Deutschen Institut für Puppenspiel Bochum, 1970.

Klersch, J.: »Zur Dramaturgie des Puppenspiels«. In: Der Puppenspieler (Juni-August 1949, Heft 9-11)

Löwenhaupt, F.: »In Memoriam Wilhelm Löwenhaupt«. In: Der Puppenspieler (Juni- August 1948, Heft 2)

Meyer, F.: Hänneschen-Stücke 1990-1996. Dokumentation über den Manuskriptbestand der Puppenspiele der Stadt Köln. Köln 1996.

Millowitsch, W.: Mein Köln. Die Stadt in alten Bildern. Köln: Wienand 1993.

Nettscher, O. »Das Kölner Hänneschen vor 40 Jahren«. In: Kölnische Volkszeitung vom 8., 10., 11., 15., und 17. Februar 1887.

Neu, H.: »Zur Geschichte des rheinischen Puppenspiels«. In: Jahrbuch des Kölnischen Geschichtsvereins, 42, 1968, S. 261-264.

Mömkes, E.: »Hinger d'r Britz« – Karl Funck und »Et Hännesche«. Zum 40jährigen Arbeitsjubiläum des Spielleiters der Puppenspiele der Stadt Köln. In: Figurentheater, Vierteljahreszeitschrift. Heft 1, März 1969.

Niessen, C.: Das alte Kölner Hänneschen-Theater. Die dritte Gabe für Freunde rheinischer Volkskunst mit 27 Bildern. Köln 1931.

NS-Dokumentationszentrum der Stadt Köln (Hrsg.): Köln im Nationalsozialismus. Köln: Emons 2001.

Purschke, H-R.: »Die Puppenspieltraditionen Europas deutschsprachiger Gebiete«. In: Puppenspielkundliche Quellen und Forschungen. Hrsg. vom Deutschen Institut für Puppenspiel Bochum, April 1986.

Schlüter, I.: Zur Entwicklung und Situation des Kölner Hänneschen-Theaters. Magisterarbeit. München 1988.

Schmidt, G.: Kölsche Stars. Köln: Wienand 1992.

Schmidt, G.: Konzept für eine künstlerische Weiterentwicklung des Hänneschen-Theaters zur Vorlage beim Kulturdezernat 1987.

Schmitz, H.: Kölner Stadtanzeiger. Das Comeback einer Zeitung 1949-1989. Köln 1989.

Schwering, M-L.: Das Kölner Hänneschen-Theater. Geschichte und Deutung. Köln: Bachem 1982.

Schwering, M-L: 175 Jahre Kölner Hänneschen-Theater – 50 Jahre Puppenspiele der Stadt Köln. Programmheft 1976. (enthält unter anderem Interview mit Karl Funck).

Trimborn, J.: Hänneschen-Datenbank. Erfasste Objekte zur Geschichte des Kölner Hänneschen-Theaters in den Beständen der Theaterwissenschaftlichen Sammlung der Universität zu Köln, des Kölnischen Stadtmuseums und des Historischen Archivs der Stadt Köln. Köln 2000.

Trimborn, J.: »Das Kölner Hänneschen-Theater im Spiegel der Theaterwissenschaft«. In: Forschung in Köln. Berichte aus der Universität, Ausgabe 1-1999.

Vogts, H.: »Die Kölner Altstadtgesundung«. In: Rheinische Denkmalpflege, 10. Jg., 1938, Heft 4, S. 432 ff

Volberg, S./Wirtz, H.: Hinger d'r Britz. Bergisch Gladbach: Bastei-Lübbe 1991.

Weyden, E.: Köln am Rhein vor 150 Jahren, hrsg. von M.-L. Schwering. Köln 1960.

Wrede, A.: Neuer Kölnischer Sprachschatz (3 Bände). Köln: Greven-Verlag 1956-58.

Zeitungsartikel
Amtliches Kreisblatt für den Kreis Neuwied (01.12.1930)
Deutsche Frauenkultur (01.01.1931)
Die Zeit (24.02.1995: »Auch Tünnes war Nazi« von Herbert Hoven)
Ehrenfelder Zeitung (31.03.1885)
General Anzeiger (01.04.1885)
Kölner Leben (Nr. 2/1968)
Kölnische Rundschau (20.08.1959, 10.01.1968, 02.01.1986, 16.01.1988, 27.06.1990, 25.03.1991, 16.07.1992, 10.12.1997, 02.05.1998, 21.05.1998)
Kölner Stadtanzeiger (22.11.1887, 01.10.1931 [Abendausgabe], 10.01.1968, 14./15.10.1978, 5./6.5.1984, 15.05.1986, 09.12.1089, 14.02.1996, 29.07.1998, 09.05.2001, 10.05.2001)
Kölner Tageblatt (31.03.1912)
Kölner Woche (Nr. 2/1968)
Markt und Wirtschaft. Zeitschrift der IHK. Heft Nr. 12/1983
Rheinischer Merkur (20.10.1893)
Rheinische Post (01.6.2000, 13.10.2000, 01.02.2001)
Westdeutscher Beobachter (10.11.1936)

Die Autorinnen und Autoren

Frauke Kemmerling, M.A., geboren 1967 in Harderberg bei Osnabrück, studierte Germanistik, Philosophie und Allgemeine Sprachwissenschaft in Köln. Magisterarbeit (1992) bei Prof. Volker Neuhaus über die Prosawerke von Günter Grass der 80er und 90er Jahre – Titel: »Am Anfang der Selbstvernichtung der Menschheit«. Journalistische freie Arbeit beim WDR-Hörfunk, für die Kölner Illustrierte (Theater- und Literaturkritik) und die Kölnische Rundschau. Volontärin des »Hänneschen-Theaters« 1993/94. Redaktionsleiterin des Fördervereinsjournals »Hinger d'r Britz« seit 1995. Kulturprogrammgestaltung des Bürgerhauses in Hürth von 1994 bis 1997. Stellvertretende Amtsleiterin des Kulturamtes in Hürth seit 1998. Sie lebt in Köln und in der Hoch-Eifel.

Wolfgang Oelsner, Jahrgang 1949, verfasst neben pädagogischer und psychologischer Fachliteratur Buch-, Fernseh- und Rundfunkbeiträge über den Karneval. Unter anderem ist er Herausgeber der »Kleinen Kulturgeschichte des Kölner Karnevals« und Mitautor des Jubiläumbuchs des Kölner Festkomitees. Sein Buch »Karneval ohne Maske« (mit Rainer Rudolph) ist inzwischen ein Standardwerk kölnischer Seelenkunde.
Als Schulrektor in den Kölner Universitätskliniken setzte er sich dafür ein, dass seine Schule nach Johann Christoph Winters benannt wurde. So arbeitet es sich liebenswürdiger, wenn mancher Tünnes den Schäl heraushängen lässt und wenn die kleinen Patienten der Kinderpsychiatrie gelegentlich »et Hännesche maache«.

Walter Oepen, 1951 in Köln geboren, machte 1971 sein Abitur am Schiller-Gymnasium und schloss das Studium des Versicherungswesens an der Fachhochschule Köln 1976 als Diplom-Betriebswirt ab. Bis 1984 arbeitete er als

Sachbearbeiter bei zwei Lebensversicherungen, ehe er sein Hobby »Kölsche Mundart« zum Beruf machte und Puppenspieler am Hänneschen-Theater wurde. Dort stellt er unter anderem die Figur des Schnäuzerkowski dar und gestaltet das Programmheft. Darüber hinaus begeistert er weiterhin die Fans der kölschen Sprache auf den Kleinkunstbühnen der Stadt als Liedermacher und Mundart-Kabarettist und gibt gemeinsam mit Monika Salchert das Magazin »Kölle! Die Zeitschrift für die Stadt und ihre Sprache« heraus.

Monika Salchert, Jahrgang 1956, ist Redaktionsleiterin bei der Rheinischen Post. In ihrer Heimatstadt Köln studierte sie Geschichte, Bibliothekswissenschaften und Pädagogik, Abschluß Magister Artium. Monika Salchert ist Absolventin der Kölner Journalistenschule – Institut für Publizistik. Nach dem Volontariat bei der Kölnischen Rundschau arbeitete sie unter anderem als Geschäftsführerin des Schokoladenmuseums, als Chefin vom Dienst bei Radio Köln sowie als Leiterin des Pressebüros der PR-Firma Kothes & Klewes in Bonn.

Jürgen Trimborn, Dr. phil., geboren 1971 in Köln, war wissenschaftlicher Mitarbeiter am Institut für Theater-, Film- und Fernsehwissenschaft der Universität zu Köln. Lehraufträge in Köln und Potsdam. Er lebt als Medienwissenschaftler, Journalist und Schriftsteller in Köln und in Faymonville, Belgien. Buchveröffentlichungen u.a.: »Der Heimatfilm der fünfziger Jahre« (1998), »Fernsehen der Neunziger« (1999), »Brennende Leinwand« (2002) und »Riefenstahl. Die Biographie« (2002).

Danksagung

Wir bedanken uns sehr herzlich beim Vorstand des »Fördervereins der Freunde des Kölner Hänneschen-Theaters e.V.« für das in uns gesetzte Vertrauen. Ein Extra-Dankeschön geht an Frau Erika Schmitz in der Geschäftsstelle des Fördervereins.

Frauke Kemmerling und Monika Salchert.

Die Autoren danken allen, die sie bei der Arbeit für dieses Buch unterstützt haben, ganz besonders dem Ensemble des Hänneschen-Theaters mit seinem Intendanten Heribert Malchers: Elfriede Bauer, Heinz Becker, Stefanie Brands, Hans Fey, Jacky von Guretzky-Cornitz, Uschi Hansmann, Charly Kemmerling, Matthias Klein, Inge von der Lohe, Udo Müller, Josef Schönberg, Peter Ulrich, Renate Vesen.

Unser Dank geht ferner an Hans Bedbur, Kurt Brünler, Prof. Elmar Buck, Ralf Bungarten, Gisela Funck, Annelie Fleischer, Hans Friedrich, Erwin Heine, Markus Henn, Birgit Herbst, Reinold Louis, Günter Schlig, Werner Schulz, Max-Leo Schwering, Gisela Späth, Dr. Franz-Josef Verscharen, Mechtild Wilmes und Grete Zimmermann.

Ohne die Unterstützung unserer Familien wäre diese Arbeit nicht möglich gewesen. Vielen Dank!

Bildnachweis

Die Personenabbildungen im »Familienstammbaum« (S. 18/19) sind dem Buch »Das rheinische Puppenspiel« von Carl Niessen entnommen.

Abbildungen aus »Das Kölner Hänneschen-Theater« (Schwering 1982) (S. 106, 107, 119)
Fotos von Frank Dünzl (S. 140, 152, 187, 193, Bild Vita Kemmerling S.206)
Fotos von Olaf Staschik (Titel, S. 12, 13, 14, 15, 26, 27, 59, 73, 88, 90, 96, 98, 102, 120, 124, 125, 126, 127, 128, 129, 131, 132, 133, 135, 137, 143, 144, 146, 147, 148, 149, 150, 151, 153, 154, 160, 162, 163, 169, 170, 171, 176, 194, 195, 196, Bild Vita Salchert 207, 210, 211, 213, 214, 215)
Foto von Mathias Klein (S. 97)
Fotos von Dirk Krotki (S. 97, Bild Vita Oepen S. 206)

Historisches Archiv (S. 198)
Kölnisches Stadtmuseum (S. 114)
NS-Dokumentationszentrum (S. 32)
Puppenspiele der Stadt Köln (S. 4, 5, 6, 10, 16, 70, 72, 102, 128, 130, 141, 142, 144, 156, 158, 214, 215)
Rheinisches Bildarchiv (S. 102, 104, 105, 110, 112, 113, 114, 118, 181, 182)

Sammlung Hans Bedbur (S. 168)
Sammlung Hans Friedrich (S. 136, 158)
Sammlung Uschi Hansmann (S. 172, 177, 180)
Sammlung Walter Oepen (S. 164, 167, 188)
Sammlung Werner Schulz (S. 30, 34, 37, 40, 52, 56, 61, 64, 68)
Sammlung Grete Zimmermann (S. 130)

Theaterwissenschaftliche Sammlung (S. 20, 21, 22, 23, 25, 29, 35, 43, 76, 77, 78, 79, 80, 82, 93, 108, 111, 113, 121, 122, 124, 134, 138, 139, 140, 141, 145, 146, 147, 148, 149, 151, 161, 165, 174, 175, 178, 179, 183, 200, 201)

»Hans Süper«, geführt von Inge von
der Lohe und Charly Kemmerling

Szene aus »Lück em Huus«, Inge von der Lohe, Uschi Hansmann, Elfriede Bauer (von li nach re). Im Hintergrund: Hans Fey

»Lück em Huus«

Hänneschen
im Riesenformat

»Treppenaufgang«
hinger d'r Britz

Röschen, hier mit Jacky von
Guretzky-Cornitz

Atmosphäre hinger d'r Britz

Szene aus »Lück em Huus«

*Charly Kemmerling und Udo Müller
rollen einen Prospekt*